新时代新思想标识性概念丛书

XINSHIDAIXINSIXIANG
BIAOSHIXINGGAINIANCONGSHU

U0112883

新常态
和供给侧结构性改革

曾宪奎◎著

人民日报出版社
北京

图书在版编目（CIP）数据

新常态和供给侧结构性改革 / 曾宪奎著．—北京：
人民日报出版社，2019.12
ISBN 978-7-5115-6256-2

Ⅰ．①新…　Ⅱ．①曾…　Ⅲ．①中国经济－经济改革－
研究　Ⅳ．① F12

中国版本图书馆 CIP 数据核字（2019）第 267590 号

书　　名：新常态和供给侧结构性改革
作　　者：曾宪奎
出 版 人：刘华新
责任编辑：周海燕　马苏娜
封面设计：墨航工作室
出版发行：人民日报出版社
社　　址：北京金台西路 2 号
邮政编码：100733
发行热线：（010）65369509　65369527　65369846　65363528
邮购热线：（010）65369530　65363527
编辑热线：（010）65369518
网　　址：www.peopledailypress.com
经　　销：新华书店
印　　刷：大厂回族自治县彩虹印刷有限公司
开　　本：710mm×1000mm　1/16
字　　数：220 千字
印　　张：14.25
版次印次：2020 年 1 月第 1 版　2020 年 4 月第 2 次印刷
书　　号：ISBN 978-7-5115-6256-2
定　　价：38.00 元

前　言

2016 年 5 月 17 日，习近平总书记在哲学社会科学工作座谈会上的重要讲话中，对我国哲学社会科学发展状况进行分析时明确指出："我国是哲学社会科学大国，研究队伍、论文数量、政府投入等在世界上都是排在前面的，但目前在学术命题、学术思想、学术观点、学术标准、学术话语上的能力和水平同我国综合国力和国际地位还不太相称。"同时强调，要着力构建中国特色哲学社会科学。构建中国特色哲学社会科学，基础在建构学科体系、学术体系、话语体系，关键在构建话语体系，核心在提炼标识性概念和范畴。只有从中国革命建设改革的伟大实践中提炼出标识性概念和范畴，才能形成自己的话语和话语体系；只有构建了一套系统科学的话语体系，才能建构好相应的学科体系与学术体系；只有建构好了学科体系、学术体系、话语体系，才能构建好体现中国特色、中国风格、中国气派的中国特色哲学社会科学。

概念与学科建构、理论发展之间密切相关，犹如细胞与生命一样的关系。标识性概念的缺乏或不成体系，科学理论难以形成，学科体系也无从建设。标识性概念既是中国特色哲学社会科学发展的基础，更是我们党的理论成熟的标志。概念在实践中的指向越具体，它所支撑起来的理论大厦就越具有彻底性，理论就越有解释力。马克思主义认识论认为，一个成熟概念的提出是理论创新从抽象到具体的必经阶段。也就是说，理论创新首先要提炼概念或概念创新。只有当不断提炼的概念得到认识与认可，它才有生命力，进而才能使理论明晰而实现逻辑化、系统化和科学化。

虽说我们在解读中国实践、构建中国理论上最有发言权，但因我们能得到国内外认同的标识性概念和范畴还有所缺失且不成体系，致使我国哲学社会科学在国际上的声音还比较小，还处于有理说不出、说了传不开的境地。要善于提炼标识性概念，打造易于为国际社会所理解和接受的新概念、新范畴、新表述，这是构建我们的话语体系乃至学科体系和学术体系的当务之急。

我们党在革命建设改革取得辉煌成就的伟大实践中，依循着人类社会发展规律，顺应着时代特征，充分发挥创新能力，在理论上相继形成毛泽东思想、邓小平理论、"三个代表"重要思想、科学发展观，同时提炼出许多支撑这些理论的标识性概念。党的十八大以来，以习近平同志为核心的党中央从理论和实践结合上系统回答"新时代坚持和发展什么样的中国特色社会主义、怎样坚持和发展中国特色社会主义"这一重大时代课题，以全新的视野深化对共产党执政规律、社会主义建设规律、人类社会发展规律的认识，进行艰辛理论探索，取得重大理论创新成果，形成了新时代中国特色社会主义思想。党的十八大以来提炼出许多新的符合时代特征的标识性概念，这些概念因其科学性不仅成为习近平新时代中国特色社会主义思想这一理论大厦的坚实的奠基石，而且越来越得到国内乃至国际社会的普遍认同。比如，2016年5月，习近平总书记在哲学社会科学工作座谈会上的重要讲话中指出，推进国家治理体系和治理能力现代化，发展社会主义市场经济，发展社会主义民主政治，发展社会主义协商民主，建设中国特色社会主义法治体系，发展社会主义先进文化，培育和践行社会主义核心价值观，建设社会主义和谐社会，建设生态文明，构建开放型经济新体制，实施总体国家安全观，建设人类命运共同体，推进"一带一路"建设，坚持正确义利观，加强党的执政能力建设，坚持走中国特色强军之路、实现党在新形势下的强军目标，等等，都是我们提出的具有原创性、时代性的概念和理论。

中国社会科学院马克思主义理论创新智库，拟从党的十八大以来党的创新理论中提取部分重要的核心的标识性概念进行理论和学术上的解读，形成"新时代新思想标识性概念"研究系列丛书。在选择概念和进行解读时，遵循了以下几个基本要求：一是既要体现学术性，也要体现政治性，要做到政治性与学术性有机结合。二是既要体现理论价值，也要体现实践价值。这些概念是从实践中抽象提炼升华出来的，具有重大实践价值和理论价值；同时，这些概念又对推进实践具有指导性价值。三是既要立足体现"中国特色"，也要吸收外来有益的经验与理论。四是既要立足中国，也要放眼世界。五是既要坚持马克思主义，也要体现中国优秀传统文化，做到二者有机结合。

为庆祝新中国 70 周年而献礼，本智库与人民日报出版社合作出版"新时代新思想标识性概念丛书"系列的第一辑，共八本。

中国社会科学院马克思主义理论创新智库　编委会

目　录

第一章　经济新常态概述

第二章　经济新常态产生的原因、背景、发展目标及内在属性问题研究

第三章　当前阶段的经济发展任务：建立现代化经济体系

第四章　供给侧结构性改革概述

第五章 供给侧结构性改革实践研究

第一章
经济新常态概述

新常态的提出最早在 2014 年 5 月，习近平总书记在视察河南时第一次提出"新常态"的概念，并于 2014 年 11 月的 APEC 会议期间，系统阐述了新常态的内涵。新常态概念的提出，具有深刻的经济背景，是新一届领导集体在对当前经济发展的主要矛盾的变化做出科学判断之后，对我国经济发展规律认识的进一步深化。正如 2014 年中央经济工作会议指出的："我国经济发展进入新常态，是我国经济发展阶段性特征的必然反映，是不以人的意志为转移的，认识新常态、适应新常态、引领新常态，是当前和今后一个时期我国经济发展的大逻辑。"本章将对新常态这一概念进行综合性论述。

第一节　经济新常态综述

新常态特指经济新常态，它的实质是经济发展进入了一个新的、更为高级的阶段，与此相适应，经济发展的特征也发生了新变化。新常态下经济发展的主要特点可归结为增长速度"从高速增长转为中高速增长"、经济结构不断优化升级、发展动力从"要素驱动、投资驱动转向创新驱动"。[①] 结合当前阶段我国经济发展的情况

---

① 习近平：《谋求持久发展　共筑亚太梦想——在亚太经合组织工商领导人峰会开幕式上的演讲》，《人民日报》2014 年 11 月 10 日第 2 版。

和内外部坏境的变化，我们认为，经济新常态就是指在粗放型经济模式难以持续的情况下，经济发展进入一个以经济转型、产业升级、动力转换为主要特征的新的常态。对此，本节将对新常态进行综合论述。

一、新常态的提出

2014 年 5 月 10 日，习近平总书记在河南省调研时指出："我国发展仍处于重要战略机遇期，我们要增强信心，从当前我国经济发展的阶段性特征出发，适应新常态，保持战略上的平常心态。"[1]第一次正式提出了新常态的概念。整体来说，这一次并没有对新常态概念做出进一步解释，接下来他强调"在战术上要高度重视和防范各种风险，早做谋划，未雨绸缪，及时采取应对措施，尽可能减少其负面影响"[2]。综合而言，在这里强调新常态，更多强调的是新常态下经济发展的不同特征，其中暗含着对经济增长减速特征的强调。

在 2014 年 11 月召开的亚太经合组织工商领导人峰会的开幕式上，习近平主席系统阐释了新常态的内涵，将新常态下经济发展的特点归结为三方面，一是从高速增长转为中高速增长。二是经济结构不断优化升级，第三产业、消费需求逐步成为主体，城乡区域差距逐步缩小，居民收入占比上升，发展成果惠及更广大民众。三是从要素驱动、投资驱动转向创新驱动[3]。同时，他将进入新常态后，

---

[1]《习近平在河南考察时强调 深化改革发挥优势创新思路统筹兼顾 确保经济持续健康发展社会和谐稳定》，《人民日报》2014 年 5 月 11 日第 1 版。
[2]同上。
[3]习近平：《谋求持久发展 共筑亚太梦想——在亚太经合组织工商领导人峰会开幕式上的演讲》，《人民日报》2014 年 11 月 10 日第 2 版。

中国的经济发展特点归结为"中国经济增速虽然放缓，实际增量依然可观""经济增长更趋平稳，增长动力更为多元""经济结构优化升级，发展前景更加稳定""中国政府大力简政放权，市场活力进一步释放"四方面。其中，关于中国经济发展的动力问题，他强调，就中国现行的政策储备和调控能力来说，足以应对未来经济发展的风险，同时还特别强调"我们正在协同推进新型工业化、信息化、城镇化、农业现代化，这有利于化解各种'成长的烦恼'"①。可以看出，在经济步入新常态的情况下，我国依然有许多新的经济增长点，能够有效推动经济持续保持较高的增长速度，从而防止增速下降过快。

在这些论述基础上，习近平总书记在之后的讲话中陆续提到新常态，对新常态的内涵、新常态下我国经济发展等一系列问题进行了更为深入的阐释。在新常态的客观性问题上，他强调新常态的出现是"不以人的意志为转移"的客观事件，是"我国经济发展阶段性特征的必然反映"，而"认识新常态、适应新常态、引领新常态，是当前和今后一个时期我国经济发展的大逻辑"②。对于新常态下我国经济发展的变化，他在 2015 年 3 月 29 日同出席博鳌亚洲论坛年会的中外企业家代表座谈时强调"中国经济发展已经进入新常态，向形态更高级、分工更复杂、结构更合理阶段演化"，对于新常态下经济发展的趋势做了更为深刻的刻画。具体来说，这三点体现在"中

---

① 习近平：《谋求持久发展　共筑亚太梦想——在亚太经合组织工商领导人峰会开幕式上的演讲》，《人民日报》2014 年 11 月 10 日第 2 版。
② 《中央经济工作会议在北京举行》，《人民日报》2014 年 12 月 12 日第 1 版。

国经济效益和质量正在提高，经济结构调整出现积极变化，深化改革开放取得重大进展，对外开放展现新局面"①。

在经济步入新常态后我国如何应对的问题上，习近平总书记高度强调我们要主动适应和引领新常态，要采取广泛措施，促进新常态下的经济发展，促进转型升级。在2015年3月28日举行的博鳌亚洲论坛2015年年会上，他指出"中国将主动适应和引领经济发展新常态，坚持以提高经济发展质量和效益为中心，把转方式调结构放到更加重要位置，更加扎实地推进经济发展，更加坚定地深化改革开放，更加充分地激发创造活力，更加有效地维护公平正义，更加有力地保障和改善民生，促进经济社会平稳健康发展"②。

二、经济新常态的实质是经济发展模式的转变

正如习近平总书记所指出的"我国经济发展的显著特征就是进入新常态"，"这是我国经济向形态更高级、分工更优化、结构更合理的阶段演进的必经过程"③，经济新常态的实质是我国经济发展进入一个新的阶段，即由原来的粗放型经济增长模式向集约型发展模式转变。

（一）我国自改革开放直至十八大的经济发展模式属于粗放型经济增长模式

改革开放以来，我国经济在30多年的时间里保持了较高的增长

①《习近平同出席博鳌亚洲论坛年会的中外企业家代表座谈》，《人民日报》2015年3月30日第1版。
②《习近平出席博鳌亚洲论坛2015年年会开幕式并发表主旨演讲　迈向命运共同体　开创亚洲新未来》，《人民日报》2015年3月29日第1版。
③《习近平：聚焦发力贯彻五中全会精神　确保如期全面建成小康社会》，《人民日报》2016年1月19日第1版。

速度。据统计，1978 年到 2012 年我国年均经济增长率高达 9.8%[1]，这一速度高居世界前列。经济持续高速增长背后的推动因素，就是通过改革开放的各种措施，在多重有利因素的推动下，我国工业化进程不断提速，经济迅速起飞。然而，我国的工业化发展道路，走的是高投入、高产出、高污染、低附加值的典型粗放型模式。尽管在工业化进程中，技术创新得以迅速发展，在经济发展中的贡献度不断提高，但是其所起的作用相对有限，没有实现发展模式的质变。这种粗放式发展模式体现在如下几方面。

一是经济发展主要体现为依托各项投入要素的加倍增长进而带动经济规模的扩张。这些投入要素主要包括各类资源能源投入、劳动力投入等。其中，劳动力投入的持续增加与改革开放时我国农村地区存在大量的剩余劳动力有关，这一点保证了在较长时间内劳动力供应源源不断，形成经济学上所说的"劳动力供给具有无限弹性"的特征，这一因素成为支撑我国粗放型经济增长模式能够长期存在且经济不断扩张的主要因素之一。投入要素的成倍增加，保证产出的大幅增长，进而推动宏观经济迅速发展，是粗放型经济发展模式的主要特点。这一点在改革开放初期表现得尤为明显——乡镇企业异军突起，个别地区形成了"村村点火，户户冒烟"的局面，这就是典型的扩张型发展模式，在这一时期，投入的扩张和企业数量的增加高度契合。另外一种粗放型的规模扩张方式，不是通过企业数量的增加体现，而是通过企业规模扩大实现，但是企业规模扩大主

---

[1] 李伟：《适应新常态 迈向新阶段》，《人民日报》2014 年 12 月 29 日第 7 版。

要依托新增投入实现，而非通过对现有规模进行整合扩大来实现企业生产效益增加。另外，我国许多大企业的规模扩张，高度依赖于兼并其他企业的方式，这是粗放型发展模式的表现特征，也是造成我国许多企业"大而不强"的根源之一。

二是经济效益低下，无法实现可持续发展。在粗放型经济增长模式下，"大投入、大产出"的模式导致产品属于差异化程度低、技术含量不高的大规模工业生产产品，其销售价格、附加值和利润率都很低。这一模式使我国产品在国际市场中具有显著的价格优势，使我国产品的国际竞争力大幅提升。因此，价格竞争优势成为中国在加入国际贸易组织之后，对外出口在短期内迅猛提高的重要内在原因。但是，在这一模式下，由于产品的附加值很低，导致企业资金实力很弱，使得企业在短期内不具备升级发展自己的支撑。同时，这一模式使得多数企业，特别是中小企业应对环境变化的抗风险能力较弱，在国际环境或者国内宏观经济环境发生重大变化时，会导致大量企业倒闭，情况严重时部分产业甚至可能出现系统性倒闭风险。另外，利润率明显偏低对企业可持续发展最大的影响就在于，由于缺乏充足的资金储备以及习惯性的技术创新发展模式，导致企业无法形成现实的技术创新动力和能力，从而影响了企业通过升级发展不断实现实质意义上的发展壮大的目标，阻碍了企业竞争力的提升和可持续发展，而在宏观上这种影响则体现为制约我国创新能力的提升。

三是环境污染严重。粗放型经济增长模式下的另外一个重要特点就是在发展进程中，对环境污染的成本估计不足，相关惩治的措施力度不足，导致环境污染严重。环境污染的成本主要以外部化的形式体现出来。从我国经济发展实践看，在改革开放后几十年的发展进程中，污染问题不断积累，导致环境对污染的边际承载力不断减弱，一些地区的部分污染物指标已经逼近环境容量最大值。例如，我国部分地区的水污染曾经一度十分严重，影响了当地人的生产和生活；最近几年对我国影响较大的雾霾问题，也是在发展过程中逐步累积而来。这些污染严重影响了人们正常的生产和生活，成为粗放型经济增长模式最严重的副作用之一。其实，综合起来看，这种污染的成本是很高的，只是在经济发展比较滞后的情况下，各方将注意力集中到经济发展上，对环境污染的控制力度不足。而随着经济不断发展和人们生活水平的不断提高，人们对生态环境的要求越来越高，"绿水青山就是金山银山"的理念越来越深入人心，在客观上也要求经济发展模式必须向绿色发展转型。

由以上几个特征可以看出，粗放型经济增长模式尽管对推动经济快速增长具有显著效果，但是其发展质量较低，且面临着不可持续的问题。在这种情况下，发展到一定程度后，经济发展转型成为一种必然的趋势。

（二）经济新常态就是要求经济发展质量提升

正如 2017 年 12 月中央经济工作会议所指出的"中国特色社会主义进入了新时代，我国经济发展也进入了新时代，基本特征就是我国经济已由高速增长阶段转向高质量发展阶段"[①]，这是我国经济步

---

① 《中央经济工作会议在北京举行》，《人民日报》2017 年 12 月 21 日第 1 版。

入新常志后的特征，其实质就是通过经济转型实现经济发展质量的提升。经济发展的质量提升，主要体现在如下几方面：

一是由主要依托要素投入向依靠技术创新转变。高质量经济发展，首要的体现是要摆脱"大投入、大产出、低附加值"的困境，通过提升经济发展过程中技术创新的贡献度，实现在要素投入不增加甚至减少的前提下，经济效益不断提升。一方面，只有减少了对各种要素投入的依赖，经济才能实现对环境友好度的不断提升，缓解由于大量资源投入导致的各项资源供给紧张问题，进而减少由于大量资源需求所导致的资源价格持续上涨而造成的利润损失，并大幅减少由于资源采掘、使用和后续废物处理所产生的各项环境成本（包括污染导致的环境成本和处理污染的成本），最终实现综合经济效益的大幅提升，持续增加经济发展的正外部效应。另一方面，基于技术创新所生产出的，能够体现高端化、个性化、先进化的产品，能够在物质资源消耗基本保持不变的情况下，大幅提升产品价格和附加值，并能使企业在国际竞争中保持较高的核心竞争力，摆脱我国在国际产业分工体系中处于低端链条的局面。这能够有效促进企业以及整个经济体系走出粗放型经济增长模式难以长期持续的陷阱，步入可持续发展的轨道。

二是投资主导型经济发展模式需要改变。长久以来，我国在经济发展进程中，形成了投资主导型经济发展模式，即高度依赖公共投资，而消费在其中所起的作用则相对较弱。其实，在经济发展动力不足或者经济发展面临挑战时，通过大幅增加投资，能够有效熨平经济波动，使经济发展在较长时间内保持平稳快速发展，这也是改革开放以后我国经济长期快速发展的重要原因。但是，过度依赖投资，也具有较为明显的负面效应。一方面，经济发展过度依赖于投资，导致的一个突出问题便是每次投资要达到上期的成效，就必须大幅高于上次的投入总额。这就要求投资必须不断增加，但是就我国投资的比重来看，已经明显高于其他国家，很难再大幅增加投资额。这就意味着如果经济发展环境再发生不利的变化，我们很难通过继续增加投资额来达到国际金融危机时期我国出台的反危机措施所达到的效果。要摆脱这一负面效应，就必须逐步改善经济发展过度依赖于投资的状况。同时，投资拉动经济也具有其他方面的明显的附加效应，例如投资资金的利用率不高，大量的资金用于基础设施发展，带动相关不合理发展，加剧了部分产业产能过剩的状况，不利于产业结构升级等等。另一方面，过分依赖投资，就意味着消费对经济发展的带动力不足。一个大国要实现经济可持续发展，就必须使消费成为带动经济的绝对主导因素。唯有如此，经济体才能依托自身实现持续健康发展，有效降低对外部环境变动的敏感性。当然，这并不意味着投资不重要，相反，新时代中国特色社会主义经济发展依然需要投资，这要求我们在利用投资调控经济发展过程中，要更加注意发挥其积极效果而规避其不利作用。

三是经济发展速度由高速向中高速转变。经济速度的转变，在很大程度上是在经济发展转型过程中，各项因素影响所形成的协同效果的外在显现。整体来说，在转型过程中，经济发展速度放缓是一个必然趋势。粗放型经济发展模式下的高速经济增长，是在各项要素的大量投入下催生的，这种情况下较容易产生较高的增长速度，但是要长期维持这一速度则比较困难，特别是随着一个国家长期的经济增长速度维持在较高水平，其经济总规模在较长时间内保持迅速增加的态势。而一个经济体规模越大，要保持高速增长的难度就越大。因为即便在较低的经济增长速度下，大规模经济体一年所取得的国内生产总值增量也会大于小规模经济体快速经济增长所取得的国内生产总值总量，在二者规模相差较大的情况下，前者增量甚至会大大高于后者的增量。而隐藏在这一经济现象背后的深层因素，则是在一个经济体刚起步时，强度并不高、复杂程度并不高的因素就可能推动其以较高速度发展，但在发展到一定程度后，要实现同样的发展速度，则需要复杂程度极高、刺激程度极高的因素来推动，而要让这些促进经济发展的因素起作用，难度明显提升。因此，从纵向来看其他国家的发展历程，特别是韩国、日本等"二战"之后经济实现长期快速发展的国家的经济发展历程，其经济增长也经历了明显的减速过程，甚至直接从高速减缓为中速。而我国由于国家大、内部发展程度不一，存在"东方不亮西方亮"的效果，因而具备从高速向中高速转变的条件，避免直接步入中速。

另一方面，我们必须强调，不能把经济发展速度和经济发展截然对立，认为经济发展速度越慢则经济发展质量就越好。要处理好这个问题，关键是要处理好二者的协同关系。其实，从我国未来经济发展的目标来看，要在 2020 年前后实现全面建成小康社会的指标，2035 年左右基本实现社会主义现代化，在 21 世纪中叶建成富强民主文明和谐美丽的社会主义现代化强国，这些任务完成起来还是比较艰巨的，依然需要经济发展保持较高速度。

三、新常态概念的特征

新常态是一个新的概念，依据其定义以及概念背后所包含的经济内涵，本文总结出这一概念所内含的几个特征，把握这些特征将有利于更深地把握新常态的含义。具体来说，这几个特征如下。

（一）新常态就是特指经济新常态，具有比较性特征

正如习近平总书记指出的"新常态主要表现在经济领域，不要滥用新常态概念"，"新常态不是一个筐子，不要什么都往里面装"①，新常态这一概念，特指的领域便是经济领域，换句话说，新常态就是指经济新常态。我们在应用这个概念的时候，一定要高度注意这一点，绝不能随意扩展新常态概念的外延，不能随意引申到其他领域。

作为一个经济概念，这里所说的"新常态"，必然对应一个"旧常态"，这个"旧"就是前面介绍的以粗放型经济发展模式为特征的发展状态，这一状态的主要特点是经济增长的速度快，但是增长质量比较低，难以持续。而新常态的"新"，则主要体现为这一阶段经济发展模式开始向集约型经济增长转变，在这一阶段，技术创新开始逐渐成为经济增长的主要驱动力，经济增长速度则放缓，由高速向中高速转变。当然，与之相适应，在这一新状态下，经济发展的某些特征、政府调控方式等都会出现相应的变化，从而使新常态下的经济发展表现出与之前大而不同的状态。但是新常态毕竟从"旧常态"转化而来，二者具有紧密联系，而且其界限也并非特别清晰，

---

① 习近平：《在省部级主要领导干部学习贯彻党的十八届五中全会精神专题研讨班上的讲话（2016 年 1 月 18 日）》，《人民日报》2016 年 5 月 10 日第 2 版。

我们在分析有些问题时无法断然以新常态或者"旧常态"区分。

（二）新常态是一个时期的概念，具备动态性特征

新常态还是一个时间概念，它隐含的时间段是从传统经济模式向现代经济发展模式转变的这一过渡时期。新常态有其自身的起点和终点，有其现状和目标，这一点我们必须与"旧常态"加以区分。理论上说，新常态的起点是"旧常态"难以持续，并表现出转变迹象的那一时刻，在现实中，由于这种转变缓慢而且特征并不鲜明，我们很难清晰界定新常态确切的起点。本人认为，我们可以从以习近平同志为总书记的新一届党中央集体执政开始作为新常态的起点，虽然这时候尚未提出新常态这一概念，但是从新的党中央集体执政的理念和行动来看，已经逐步开始按照新常态的要求治国理政。十八大之前，我国经济已经开始面临转型压力，政府也开始有意识引导经济向转型发展，然而，这时候经济转型的压力还没有十八大之后如此巨大，传统经济增长模式的潜力还没有发挥殆尽，同时各级政府在经济增长和发展转型的目标之间，还是有意无意更倾向于经济增长，整个经济和社会还没有真正转入适应经济转型的步伐中来，因此，我们认为，将这一时间作为新常态的起点，比较合理。

新常态具备它的现状和目标，其现状就是我们现在的经济状态。从技术创新的角度看，技术创新体系不断完善，但是以创新为核心竞争力的产业体系还远远没有形成，大而不强的现象还没有发生根本性改变。而我们的目标就是改变这一状况，真正达到产业结构升级，整个经济体系达到现代化。新常态的现状和目标之间有很大区别，不能混为一谈。事实上，要达到新常态的这个目标，难度

很大，需要我们付出很长时间的艰辛努力。另外，需要强调的是，新常态本身是个动态的概念，在其目标实现之后，整个经济也会进入一个新的新常态，我们现在所说的新常态也就消亡了。

（三）新常态是一个相对稳定的状态，具有持续性特征

所谓的相对稳定，是指在新常态存续的时期内，它的主要特征、核心任务保持稳定，当然，政府政策方向也应保持相对稳定。新常态作为一个阶段概念，主要特征体现为由注重经济增长速度的粗放型经济增长方式向注重效率的集约型经济增长方式转变，核心任务为经济转型及产业升级。

相对稳定状态，并非指在新常态内，经济发展停滞，相反，如果发展顺利，经济将呈现出日新月异的变化。这种相对稳定状态，是指经济体内的变化主要体现为量变，而尚未达到质变，一旦达到质变状态，新常态阶段就将结束，进入下一阶段。从量变到质变是一个较为缓慢的过程，而且质变所涉及的范畴较广，并非仅仅涉及单一指标或者某一方面，而是涉及诸多方面的领域，甚至超出了经济范畴，社会、国家治理等诸多领域也包含其中。

四、新常态下经济发展转型的三大支撑

新常态下，要实现经济发展转型，需要几大因素作为支撑。

（一）完善的创新体系

创新体系是包括政府、企业、高校和科研机构以及行业协会等在内的庞大体系，在这个体系内，各主体必须各司其职，提高分工协作的效率，完善不同主体之间的合作运行机制，最终提升整个创新链的效率水平。

企业在整个创新体系中居于主体地位。在投入方面，企业应是创新的最大投入者，在地位方面，企业应在创新体系中处于核心地位，其他创新主体应围绕企业展开活动。在市场经济体系中，企业是最贴近市场、最了解消费者的创新主体，企业的创新方向往往代表了市场对技术创新的要求，只有以企业为核心，技术创新才能最大化地实现其商业价值。当前，我国创新体系中存在的最大问题，是高校和科研机构与企业的合作不紧密，高校与科研机构的考核体系与制度安排不利于产学研合作。而要实现创新驱动，就必须对我国创新体系进行改革，建立更完善的创新体系。

（二）完备的发展环境

要促进技术创新发展，提升经济发展质量，必须有完备的发展环境支撑。包括如下具体因素。

一是充分的竞争环境。竞争是催生创新动力的基础，如果竞争不充分，那些处于垄断地位的企业就不需要创新，仅仅依靠垄断地位，也能维持超额利润，这种情况下，其创新动力不足，甚至会想方设法阻碍竞争对手的创新活动。

二是适度的创新支持。创新是一项风险大、投入高的活动，同时部分创新超出了单个企业的能力，需要行业内各企业合作方能完成。这就需要政府对创新活动给予适度支持，这一点在欧美等国家也不例外，政府均对企业技术创新有一定的支持。

三是真正有利于创新的社会氛围。创新是一项不能操之过急的行为，需要有一个不急躁、不急功近利的社会氛围作为支持。这一点是我们在未来经济发展中需要努力研究、认真寻找对策的内容。

四是高效的法制环境。当前扰乱市场秩序、侵犯知识产权等问题依然存在，对经济转型升级极为不利。要促进技术创新的发展，推动经济发展质量提升，就必须建立高效的法制环境，将经济领域及有可能影响到经济发展的其他领域，用法制规范起来，创造良好的法制环境。

（三）精准的调控能力

精准的调控能力，实际上就是政府有能力对不同的问题和对象实施精确的调控行为，保证调控的效果最佳，负面作用最小。

每一项经济调控措施都不可避免地具有负面作用。在传统经济发展模式下，这些负面作用往往被忽视，而在新常态下，经济发展对调控措施的负面作用敏感性提高，对调控能力的精准性提出了新的要求。例如，在鼓励创新的政策方面，如果继续沿用以前的向大企业倾斜的政策，就必须考虑这对中小企业的歧视性，站在公平竞争和长远角度看，这样做是否真的有利于技术创新水平的提高？权衡的结果可能因行业不同而不同，如国内企业在国内市场占主导地位的行业，侧重大企业的措施，可能会强化大企业的垄断地位，使它创新的意愿减弱，甚至会促使它将更多资源用于维护本身地位上；而在国外企业占据主导地位的行业，这一措施可能正面作用就比负面作用大，而具有正面的整体效果。

第二节 经济新常态是中国特色社会主义进入新时代的经济基础

十九大报告中提出，"中国特色社会主义进入了新时代，这是我国发展新的历史方位"①，而十八大以来，我国改革开放和特色社会主义建设面临的重要环境变化是"经济发展进入新常态"。换句话说，经济新常态是中国特色社会主义步入新时代在经济领域的重要特征，经济领域新时代的标志便是经济新常态。这基于如下几个原因。

一、新常态意味着经济发展到一定程度之后进入转型，而这构成社会主要矛盾发生改变的经济基础

习近平总书记在十九大报告中提出"中国特色社会主义进入新时代，我国社会主要矛盾已经转化为人民日益增长的美好生活需要和不平衡不充分的发展之间的矛盾"②。从经济学的角度看，新时代社会基本矛盾的变化紧密契合经济社会发展的现实，具有深刻的理论意义和实践意义。而深入研究新常态的内涵和产生背景，我们会发现，新常态的内涵是经济发展到相当程度之后发生的发展模式转变，而这一情况实际构成我国社会主要矛盾转变的经济基础。这主要体现在如下几方面。

首先，新常态本身就意味着在"旧常态"之下，经济建设取得了相当的成就。从经济发展的基础来说，新常态的开始就意味着"旧常态"的结束，在这个时间节点上，经济从起飞阶段算起，已经发展了相当长的时间。从我国经济发展的具体情况看，通常从改革开放的起始年份1978年算起，如果将十八大召开作为"旧常态"的截止时间，则我国在粗放型经济增长模式下已经发展了30多年。

---

① 习近平：《决胜全面建成小康社会 夺取新时代中国特色社会主义伟大胜利——在中国共产党第十九次全国代表大会上的报告（2017年10月18日）》，《人民日报》2017年10月28日第1版。
② 同上。

考虑到我国改革开放是在新中国成立之后的前 29 年经济社会建设基础上进行的，这个发展的时间段就会更长。另一方面，在这 30 多年的发展进程中，我国经济增长速度是持续高速的，这就决定了我国在这段时间取得了突出的建设成就。事实上，截至 2012 年，我国的经济规模已经跃居全球第二，仅次于美国；在人均 GDP 方面，2012 年达到 6265 美元，已经脱离低收入国家标准，向中高收入国家转变；在工业方面已经成为"世界工厂"，并在此基础上向全球制造业中心转变。整体来说，在步入新常态时，与改革开放初期相比，我国的生产力已经得到很大的进步，这时候在表达社会主要矛盾时，用"落后"来形容生产力已经不准确。

在这种情况下，经济发展的主要问题主要体现为不平衡和不充分："不平衡"主要体现在经济发展内部不同领域发展的不均衡、不同地区发展的差异、城乡二元化、不同群体收入差距，以及经济和文化、社会、生态等领域建设的不平衡；"不充分"是指我国在经济、社会、文化和生态领域发展的程度依然不足，距离社会主义强国依然有较大差距。

其次，随着经济步入新常态，人们的需求发生了深刻的变化。新常态的本质是经济在经过改革开放 40 余年的发展之后，发生了从量变向质变的变化。而在需求方面，这突出体现在人们的需求全面升级，从满足于大规模化工业生产下的标准化产品向个性化产品转变，从范围较为狭窄的物质需求向更为广泛的民主、法治、公平、正义、安全、环境等方面的需求扩展。这时候，简单地描述人们的需求为"日益增长的物质和文化需要"已经不够全面。一方面，从产品和服务需求的档次看，与人们的收入持续提高相适应，人们的需求档次也不断提升，由之前满足于低廉、非个性化、生存需要的产品和服务向更加强调个性化、满足享受需要的产品和服务转变；从产品和服务的内部需求结构变动看，人们对于无形的服务需求增长更快。另一方面，从需求层次变动看，依据马斯洛的需求层次理论，随着人们低层的需求得到满足，其需求向更高层次转变，这时候人们的需求在物质需求之外，更强调安全、尊重和自我实现的需求，而这就要求我们的社会主义建设提供更多的经济之外的其他领域的建设来适应这一状况。在这种情况下，人们的需求用"人民日益增长的美好生活需要"来描述就更为准确。

二、新时代是一个承上启下的时代，而对应的经济发展阶段正是新常态下的经济转型

新时代是一个承前启后的时代，前面是改革开放 40 余年的经济发展时代，后面依次连着决胜全面建成小康社会、基本实现社会主义现代化、建成富强民主文明和谐美丽社会主义现代化强国三个重要时期。而在经济领域，"承上启下"主要体现在前面连接着改革开放 40 余年粗放式经济发展阶段，而后面则连接着以创新驱动为主要特征的集约型经济发展阶段。就经济发展规律而言，建成富强民主文明和谐美丽社会主义现代化强国，实质上便是全面完成产业结构升级、整个经济体系全面完成升级进而步入发达国家经济体的阶段。

从时间段上来说，新时代开启的时期正好是经济转型的时期，即新常态起始的时间。按照十九大报告的提法，"经过长时期的努力，中国特色社会主义进入了新时代"①，根据上下文承前启后的意义，新时代的起点应该在十八大，而这切合新常态的起始时间。从概念内涵上，二者高度契合。新时代的重要内涵是中华民族从富起来到强起来转变，这就意味着我们正从发展中国家向发达国家转变。而在经济内涵上说，这就是从要素驱动向创新驱动的经济转型和产业结构升级的阶段，而这恰恰是新常态下经济发展的主要特征。从二者的关系上看，进入新时代的重要支撑是经济新常态，新时代中国特色社会主义建设目标的实现，很大程度上取决于新常态下的经济发展。

从发展的任务看，十九大报告提出，进入新时代后，我们有了新的工作任务，具体来说便是"要在继续推动发展的基础上……大力提升发展质量和效益，更好满足人民在经济、政治、文化、社会、生态等方面日益增长的需要，更好推动人的全面发展、社会全面变化"②。而从经济领域来看，新时代的经济发展要将过去我国发展要解决而没解决好的，或者尚未着手解决的一些深层次矛盾逐步解决。正如习近平主席在 2015 年博鳌论坛上的讲话指出的"中国将主动适应和引领经济发展新常态，坚持以提高经济发展质量和效益为中心，把转方式调结构放到更加重要位置，更加扎实地推进经济发展，更加坚定地深化改革开放，更加充分地激发创造活力，更加有效地维护公平正义，更加有力地保障和改善民生，促进经济社会平稳健

---

① 习近平：《决胜全面建成小康社会 夺取新时代中国特色社会主义伟大胜利——在中国共产党第十九次全国代表大会上的报告（2017 年 10 月 18 日）》，《人民日报》2017 年 10 月 28 日第 1 版。
② 同上。

康发展"^①，经济新常态下经济发展任务的内涵将比过去更加广泛，要解决的任务将更多，涉及的因素将更复杂。其实，新时代下经济发展任务就是经济新常态下经济发展任务，二者在这方面是一致的。

三、新时代下中国特色社会主义为解决人类问题贡献了中国方案，而新常态下经济发展成绩对此至关重要

十九大报告提出，中国特色社会主义进入新时代，就意味着"中国特色社会主义道路、理论、制度、文化不断发展，拓展了发展中国家走向现代化的途径，给世界上那些既希望加快发展又希望保持自身独立性的国家和民族提供了全新选择"[②]。事实上，"二战"以来，尽管很多发展中国家在模仿西方的发展道路谋求走向富强实现现代化，但是真正成功的却寥寥无几，很多国家如南美的许多国家反而陷入长期经济停滞的"中等收入陷阱"，部分国家如阿根廷等经济发展还丧失了自主性，受到外债的牵制和影响，离实现现代化的目标十分遥远。经过许多年的探索，越来越多的国家意识到，盲目模仿西方的发展道路，并不能保证自己取得成功，反而容易陷入各种困境，因此，这些国家也在不断探索新的发展道路。而中国特色社会主义经济经过 40 余年的发展，在人口多、底子薄、人均收入很低的状态下取得了巨大成功，中国现在已经开始向高收入国家发展，从而为广大发展中国家提供了一条新的发展方案，即不同于西方资本主义的社会主义发展方案。

---

① 《习近平出席博鳌亚洲论坛 2015 年年会开幕式并发表主旨演讲 迈向命运共同体 开创亚洲新未来》，《人民日报》2015 年 3 月 29 日第 1 版。
② 习近平：《决胜全面建成小康社会 夺取新时代中国特色社会主义伟大胜利——在中国共产党第十九次全国代表大会上的报告（2017 年 10 月 18 日）》，《人民日报》2017 年 10 月 28 日第 1 版。

应该说，为世界提供的这个中国方案还在不断进步中，如果中国能够顺利实现建成富强民主文明和谐美丽的社会主义现代化强国、实现中华民族伟大复兴的目标，则对其他国家的吸引力更强，中国智慧和中国方案将更加系统和完善。在经济领域，这个目标具体体现为中国转型升级能否顺利实现，如果能够顺利实现，则中国将由发展中国家转变为发达国家，从而实现多数发展中国家没有实现的、由发展中国家向发达国家转变的发展目标。如果深入研究多数发展中国家在发展到一定程度之后便陷入经济停滞的原因，尽管不同国家具体原因有所不同，但是整体来说，阻碍这些国家继续发展的因素主要是这些国家在经济发展进程中无法形成相对完善的经济体系、内部制度体系无法和经济发展形成相互推动作用，而是更多体现为掣肘关系、国家内部的各项要素无法支撑经济转型发展等。而从少数成功的国家发展历程看，如韩国，其发展成功很大程度上则归结于较强的政府引导体制，这一点和社会主义制度有相似之处。但是，韩国也有其他很多国家所不具备的各项因素支撑，可以说，它的成功具有很大的特殊性，并非所有国家都能模仿。中国作为一个发展中国家，在发展过程中，并没有依靠其他国家的扶持，而是主动采取改革开放措施，在不断完善自身各项制度、提升工业体系竞争力、加强政府对经济发展调控和引导等基础上实现了经济快速发展，这一完全不同于西方发展模式的方案，将对其他国家产生较大的借鉴作用。如果中国在经济步入新常态后，经济转型能够继续顺利推进，整个经济实现由要素驱动向创新驱动转变，则中国方案不仅吸引力将会大增，而且这一经验将在世界经济发展史上写出浓墨重彩的一笔。

第三节 经济新常态和新发展理念

2015 年 10 月举行的十八届五中全会，提出了新发展理念，即创新、协调、绿色、开放、共享。此后，新理念成为贯穿"十三五"规划的指挥棒，指引"十三五"期间我国经济社会发展。习近平总书记在十九大报告中将坚持新发展理念作为新时代中国特色社会主义建设必须贯彻落实的精神，指出"发展是解决我国一切问题的基础和关键，发展必须是科学发展，必须坚定不移贯彻创新、协调、绿色、开放、共享的发展理念"[1]。因此，经济新常态和新发展理念之间的关系十分密切，新发展理念是新常态条件下经济发展的指导思想。

一、五大发展理念概述

正如习近平总书记指出的，五大发展理念"是我们在深刻总结国内外发展经验教训的基础上形成的，也是在深刻分析国内外发展大势的基础上形成的"[2]。综合来看，我国经济正处于由粗放型经济增长方式向集约型经济增长方式转变阶段，发展动力由要素推动向创新驱动转变，转型发展是未来较长时间内经济发展的主题。而五大发展理念全方位体现了当前阶段经济转型发展各方面的要求：创新解决了发展的动力问题，协调发展解决了发展的不均衡问题，绿

---

① 习近平：《决胜全面建成小康社会 夺取新时代中国特色社会主义伟大胜利——在中国共产党第十九次全国代表大会上的报告（2017 年 10 月 18 日）》，《人民日报》2017 年 10 月 28 日第 1 版。
② 习近平：《关于〈中共中央关于制定国民经济和社会发展第十三个五年规划的建议〉的说明》，《人民日报》2015 年 11 月 4 日第 2 版。

色解决了资源环境问题，开放解决了内外联动问题，共享则解决了发展进程中的社会公平正义问题。实际上，五大发展理念是对当前阶段经济发展的全局性指引，经济发展的各方面及各项具体工作均应以此为指导，对此，习近平总书记指出"创新、协调、绿色、开放、共享的发展理念，集中体现了'十三五'乃至更长时期我国的发展思路、发展方向、发展着力点，是管全局、管根本、管长远的导向"[①]。

在五个发展理念的关系上，习近平总书记指出："坚持创新发展、协调发展、绿色发展、开放发展、共享发展，是关系我国发展全局的一场深刻变革。这五大发展理念相互贯通、相互促进，是具有内在联系的集合体，要统一贯彻，不能顾此失彼，也不能相互替代。哪一个发展理念贯彻不到位，发展进程都会受到影响。全党同志一定要提高统一贯彻五大发展理念的能力和水平，不断开拓发展新境界。"[②] 因此，作为一个整体，五大发展理念不能分开。而五大发展理念系统作为一个有机整体，体现了全面提升经济增长质量的要求。在粗放型经济增长模式下，高速的经济增长与突出的资源环境问题、发展失衡等一系列问题共存，经济增长的质量较低。创新、协调、绿色、开放、共享的新发展理念，则处处体现了经济增长质量的提升。

在新发展理念的具体实施过程中，习近平总书记强调"要抓住能够带动五大发展理念贯彻落实的重点工作，统筹推动五大发展理

---

① 《习近平在中共中央政治局第三十次集体学习时强调　准确把握和抓好我国发展战略重点　扎实把"十三五"发展蓝图变为现实》，《人民日报》2016年1月31日第1版。
② 习近平：《在党的十八届五中全会第二次全体会议上的讲话（2015年10月29日）》，《求是》2016年第1期。

念贯彻落实。对每个发展理念，也要抓住重点，以抓重点推动每个理念在实践中取得突破。这就要求我们进行深入的调查研究，既总体分析面上的情况，又深入解剖麻雀，提出可行的政策举措和工作方案"①。同时，他高度强调在新发展理念具体实施过程中，必须保持灵活，"全党要把思想和行动统一到新发展理念上来，努力提高统筹贯彻新发展理念的能力和水平，对不适应、不适合甚至违背新发展理念的认识要立即调整，对不适应、不适合甚至违背新发展理念的行为要坚决纠正，对不适应、不适合甚至违背新发展理念的做法要彻底摒弃"②，而不能盲目地、僵硬地执行。

二、经济新常态和创新发展理念

"创新发展注重的是解决发展动力问题"③。创新作为引领发展的第一动力，在推动经济发展、推进经济转型、保证经济的可持续发展方面都具有不可替代的作用。在实践中，技术创新对经济发展的推动作用越来越大。这主要体现在技术创新能够大幅度提高劳动生产率，降低劳动力成本，进而大幅提升一个国家或地区的财富创造能力，推动经济的快速发展；技术创新能够催生一个新的产品，由此为基础可能会衍生发展出一个新的产业，最终使一国经济保持源源不断的活力，推动一国经济的快速发展。从产业结构的角度看，新产品的利润率更高，新产业发展的潜力更大，新的生产技术生产

① 《习近平在中共中央政治局第三十次集体学习时强调　准确把握和抓好我国发展战略重点　扎实把"十三五"发展蓝图变为现实》，《人民日报》2016年1月31日第1版。
② 同上。
③ 习近平：《在党的十八届五中全会第二次全体会议上的讲话（2015年10月29日）》，《求是》2016年第1期。

效率更高，这将在宏观层次上推动一个国家或地区的产业结构不断优化，经济活力持续增强。随着经济的发展和科学技术的进步，技术创新在推动经济增长方面所起的作用越来越大，已经成为推动一国经济增长和发展的主导性因素。据 OECD 专家统计，1929—1941年，美国科技进步对经济增长的贡献率为 33.8%；而 20 世纪 80 年代以来，其科技贡献率则高达 80%。[①]近几年来，我国技术进步贡献率不断提高，从 1998—2003 年的 39.7% 提高到 2007—2012 年的52.2%，这表明技术创新在我国经济发展中的作用不断增强。但是，与发达国家相比，要真正实现技术创新驱动，仍然需要进一步努力，通过不断提升自主创新能力，使技术创新成为推动我国经济增长的核心因素。随着我国经济步入新常态，创新驱动将要替代要素驱动模式，但是这一转变并不会自然而然完成，而是需要我们不断培育技术创新能力，在国际竞争加剧的环境下完成这一高难度的历史性任务。在这种情况下，我们只有坚持创新发展，把创新放在第一位，才能保证经济转型任务的完成。

另一方面，从全球竞争的角度看，国际金融危机之后，世界各国在颁布相应的救市措施时，纷纷注重付出技术创新和新兴产业的发展，试图在新的国际经济和技术形势下，在未来发展中占据有利位置，稳固自身位置或者实现对比自己更先进的国家的反超。在这种情况下，就更需要我们积极依托创新发展，在新兴领域抓住若干方面，保证自己在竞争中不落后于发达国家，这对于未来建设创新

---

① 孙辉：《美国创新型国家的基本特征和主要优势》，《全球科技经济瞭望》2006 年第 8 期。

型国家意义十分重大。在技术创新能力提升方面，我们只有突破现有发达国家对技术的各种有形和无形的制度封锁措施（如专利保护），利用新兴的互联网等技术促进传统产业升级，才能真正推动我国技术创新能力取得质的突破，保证我国真正实现社会主义现代化的相关目标。事实上，我国在某些领域已经开始取得突破，如在高铁领域，我国已经在技术进步和产业发展方面位居世界前列，但是这一产业的快速发展是建立在其他国家在这一领域投资相对不活跃基础上的，而在其他国际竞争较为激烈的领域，要实现技术赶超，则难度更大。这也要求我们必须真正推动创新发展。

三、经济新常态与协调发展理念

"协调发展注重的是解决发展不平衡问题"①，新时代社会主要矛盾在很大程度上体现为"不平衡不充分"发展的问题。在经济新常态下，我国经济不平衡的问题较为突出，主要体现在：一是区域发展不均衡的问题。我国在经济发展进程中，形成了东、中、西三大经济带，东南沿海的经济实力明显高于中部和西部地区，各项资源向东南沿海聚集，而中西部地区发展滞后。二是城乡发展不均衡问题。我国长期形成的农村和城市保持分离状态的二元结构，导致了城乡之间发展的不均衡，在改革开放推进过程中，农村和城市之间发展的不均衡问题一直存在，在部分年份，城乡之间的差距还呈现扩大的趋势，只是最近在一定程度上得到缓解。三是物质文明和精神文明发展的不均衡问题。相对于改革开放以来，我国经济蓬勃快

---

① 习近平：《在党的十八届五中全会第二次全体会议上的讲话（2015 年 10 月 29 日）》，《求是》2016 年第 1 期。

速发展，物质文明取得了巨大的成就，精神文明虽然也取得了巨大进步，但是与物质文明的快速发展相比要逊色。例如，在文化领域，我国就面临着文化的创造力不强、文化软实力问题依然有待加强、文化产业的发展与西方国家差距巨大等一系列问题。四是经济建设与其他方面建设的不均衡问题。例如，在生态建设领域，改革开放以来这一问题在不断加剧，现在已经成为影响人们日益增长的美好生活需要的重要问题。

整体来说，在经济步入新常态后，不平衡、不协调的问题已经制约了我国经济的增长，因此，必须下力气在发展过程中逐步解决这些问题。对此，习近平总书记同时指出："在经济发展水平落后的情况下，一段时间的主要任务是要跑得快，但跑过一定路程后，就要注意调整关系，注重发展的整体效能，否则'木桶'效应就会愈加显现，一系列社会矛盾会不断加深。为此，我们必须牢牢把握中国特色社会主义事业总体布局，正确处理发展中的重大关系，不断增强发展整体性。"① 在促进协调发展的相关战略措施上，也提出了相应的要求。在"十三五"规划中，提出要通过"牢牢把握中国特色社会主义事业总体布局，正确处理发展中的重大关系，重点促进城乡区域协调发展，促进经济社会协调发展，促进新型工业化、信息化、城镇化、农业现代化同步发展，在增强国家硬实力的同时注重提升国家软实力，不断增强发展整体性"来实现共享发展理念；在十九大报告中，习近平总书记提出乡村振兴战略、区域协调发展战

---

① 习近平：《在党的十八届五中全会第二次全体会议上的讲话（2015 年 10 月 29 日）》，《求是》2016 年第 1 期。

略等一系列与协调相关的发展战略。其中，在区域协调发展战略中，他提出：要保证东中西各地区协调发展，"深化改革加快东北等老工业基地振兴，发挥优势推动中部地区崛起，创新引领率先实现东部地区优化发展，建立更加有效的区域协调发展新机制"①。整体来看，协调发展所涉及的多是错综复杂的结构性问题，难以在短期内通过采取措施获得明显成效，这就要求我们必须坚持协调发展理念，在未来发展过程中逐步解决这些问题。

四、经济新常态与绿色发展理念

"绿色发展注重的是解决人与自然和谐问题"②。在十九大报告中，习近平总书记提出"建设美丽中国"的目标，而在 2020 年之后第二步的目标中，提出要"建设富强民主文明和谐美丽社会主义现代化强国"③，将"美丽"添加进去，表明党和政府对生态建设的重视程度不断增加。长期的经济发展，不计环境代价，造成了严重的污染问题，近几年虽然部分污染物排放呈现减速或者减少趋势，但是在总量较大的情况下，环境污染尚未出现明显好转趋势。例如，从我国废水情况看，2001 年我国废水排放总量为 433 亿吨，到 2010 年达到 617 万吨，提高了 42.6%，年均增长率达到 4.0%；2011 年经过统计口径变化之后的废水排放总量达到 617 亿吨，2017 年则提高到了 699.7 亿吨，在环保要求加重的情况下，依然保持了一定程度

---

① 习近平：《决胜全面建成小康社会　夺取新时代中国特色社会主义伟大胜利——在中国共产党第十九次全国代表大会上的报告（2017 年 10 月 18 日）》，《人民日报》2017 年 10 月 28 日第 1 版。
② 习近平：《在党的十八届五中全会第二次全体会议上的讲话（2015 年 10 月 29 日）》，《求是》2016 年第 1 期。
③ 习近平：《决胜全面建成小康社会　夺取新时代中国特色社会主义伟大胜利——在中国共产党第十九次全国代表大会上的报告（2017 年 10 月 18 日）》，《人民日报》2017 年 10 月 28 日第 1 版。

的增长。整体来看，我国废水总量呈现持续增长趋势，但是增长率逐步趋缓。另外，虽然我国对污染问题越来越重视，相关监管不断增强，但是私放偷放污水的情况依然时有发生，导致我国水污染问题依然比较严重。同时，最近几年来我国大面积出现的雾霾现象，也增进了人们对环境问题的关心，绿色发展迫不及待。另一方面，节能环保产业是一个具有巨大发展潜力的新兴产业，未来的市场空间很大，我们要积极发展相关产业，在促进增长的同时，也推进环境治理。

要实现绿色发展，就需要我们将"生态文明建设融入经济社会发展各方面和全过程，致力于实现可持续发展。我们将全面提高适应气候变化能力，坚持节约资源和保护环境的基本国策，建设天蓝、地绿、水清的美丽中国"①。而要达到美丽中国的目标，我们需要采取一系列措施，十九大报告提出要推进建立绿色低碳环保经济体系、促进相应技术发展，以促进绿色发展；通过全民共治、源头防治等一系列手段，着力解决包括大气污染、水污染等一系列突出的环境问题；加大各项生态系统保护力度以及对生态监控体制进行改革等。②

五、经济新常态与开放发展理念

"开放发展注重的是解决发展内外联动问题"③。正如习近平总书

---

① 习近平：《发挥亚太引领作用　应对世界经济挑战——在亚太经合组织工商领导人峰会上的主旨演讲（2015 年 11 月 18 日）》，《人民日报》2015 年 11 月 19 日第 2 版。
② 习近平：《决胜全面建成小康社会　夺取新时代中国特色社会主义伟大胜利——在中国共产党第十九次全国代表大会上的报告（2017 年 10 月 18 日）》，《人民日报》2017 年 10 月 28 日第 1 版。
③ 习近平：《在党的十八届五中全会第二次全体会议上的讲话（2015 年 10 月 29 日）》，《求是》2016 年第 1 期。

记在十九大报告中提出的"开放带来进步，封闭必然落后"，我们在发展过程中必须高度重视开放的作用。

一方面，在经济步入新常态后，我国在开放发展领域面临新的形势。例如，随着我国加入世界贸易组织所带来的出口激增效应，在国际金融危机爆发之后逐步释放完毕，我国进出口进入常态化发展；国际金融危机爆发使得全球经济步入低速增长阶段，经济全球化进程面对的不确定因素增多，从而使我国开放的环境变得更具挑战性。在这种环境下，我们就必须在加强传统合作平台上增进进一步合作的空间并扩大自身的影响力，同时积极开发新的合作平台、加强与非传统贸易合作伙伴的经济联系，从而扩大未来开放发展的空间。

另一方面，我们要积极促进内部开放的进程。其实，长久以来，我国经济内部也存在一个需要开放的问题。一是打通国内区域市场，促进区域经济一体化，这是推动经济发展的重要动力。改革开放以来，我国在经济发展进程中逐步形成了各地区竞争发展的局面，不同地区之间存在不同程度的地区贸易、投资壁垒。随着经济发展程度的不断提高，打破这些地区壁垒，促进区域经济一体化，实现不同地区之间有层次的分工协作关系，最终实现"多方共赢"的共同繁荣发展，成为经济发展的大趋势。目前，在东中西地区之间，加强经济合作与彼此开放，促进产业合理分工转移，推动各自地区依照经济发展程度实现最佳产业配置，是未来推动经济以较高质量发展的重要保证。二是按照中央的有关精神，按照市场要在资源配置中起决定性作用的要求，加速要素市场改革，为经济发展创造新动力。

只有这样，我们才能实现十九大报告提出的"形成全面开放的新格局"，为新常态下经济发展创造良好环境。

六、经济新常态与共享发展理念

"共享发展注重的是解决社会公平正义问题"[①]，主要就是"十三五"规划中提到的"必须坚持发展为了人民、发展依靠人民、发展成果由人民共享，做出更有效的制度安排，使全体人民在共建共享发展中有更多获得感，增强发展动力，增进人民团结，朝着共同富裕方向稳步前进"。这主要是针对我国经济发展进程中，贫富收入差距和财富差距较大，导致大量群体无法同等共享改革开放果实的现状而提出的。要实现共享发展理念，主要有如下几个途径。

一是加快城镇化发展，加快户籍制度改革，使得农民和城市居民实现共享发展成果。当前我国城市居民和农村居民之间，在公共服务方面还存在巨大的差距，因此应通过加快城镇化和废除影响迁入城市的农民真正融入城市的相关制度（主要是户籍制度），来解决这个问题。

二是通过税收、社会福利等手段，缩小不同群体之间的收入差距，使得人们共同享受发展成果，保证弱势群体不"落伍"。 科学的税收体制设计，能够通过适度加大对高收入群体税收征收比重，减少中收入群体的税收负担，有效地缩小贫富差距，促进不同收入群体之间的差距保持在合理水平，进而保证不同群体都能够共享经

---

① 习近平：《在党的十八届五中全会第二次全体会议上的讲话（2015 年 10 月 29 日）》，《求是》2016 年第 1 期。

济发展的成果。同时对于弱势收入群体，还可以通过增强社会福利等手段，加大对其扶助的力度，保证其生活水平持续提升。从当前阶段经济发展实践看，我国在消除贫困方面工作力度较大，有效保证了最弱势群体的生活水平提升，是体现共享发展理念的重要举措。

三是通过转移支付、政策支持等手段，大力支持中西部、东北老工业基地相对快速发展，缩小东中西地区发展差距。尽管经济发展步入新常态后，经济发展由高速向中高速转变，但是从不同地区的发展情况看，中西部地区可以以适度高于东部地区的速度发展。这是因为相对于东部发达地区，中西部地区和东北老工业基地经济发展不充分，尚存在一定的高速发展空间，而要实现这一点，就需要中央政府加大对中西部地区和东北老工业的转移支付力度，并加大政策倾斜力度，从而不断增强这些地区的经济发展动力。东中西的和谐发展，地区经济发展差异不断缩小，是共享发展理念在地区发展上的体现。

第二章

经济新常态产生的原因、背景、发展目标及内在属性问题研究

　　我国经济步入新常态，具有深刻的历史原因，同时，在步入新常态后，我国经济发展将面临新的环境，要完成的任务也是比较艰巨的。另外，经济发展步入新常态，意味着我国经济由高速增长向高质量发展阶段转变，而我国要实现的高质量发展，不等同于西方国家的高质量发展，而是具有自身独特的内在属性。本章将着重围绕这几个问题对经济新常态进行深入分析。

第一节　经济新常态的产生原因分析

　　经济新常态产生的根本原因在于粗放型经济增长模式已经逐渐呈现出后继乏力状态，经济转型的迫切性日益提高，整个经济发展也逐渐呈现出与之前发展阶段不同的状态。主要体现在如下几方面。

一、从经济发展规律来看，经济发展到一定阶段必然会步入转型时期

　　从经济发展的规律来看，一个国家的经济发展过程，是一个从低级到高级阶段的发展历程，即从落后的农业国家发展到发达国家。按照罗斯托的经济发展阶段理论，经济发展要依次经历传统社会、起飞前、起飞、成熟、高额群众消费和追求生活质量六个阶段，最

终实现从落后国家到发达国家转变的历程。不同的阶段具有不同特征，传统社会阶段主要是指农业静态社会，这个阶段经济发展基本处于静态；起飞前阶段主要是为起飞做铺垫的时期，这时候投资开始超过人口的增长，传统社会的静态开始出现被打破的迹象，但是整个经济发展尚未进入真正起飞阶段；起飞阶段的实质是经济步入全面发展阶段，工业化迅速推进，约束经济发展的各项因素被消除，整个经济进入快速增长阶段；在经济步入起飞阶段以后，经过较长时间的发展，这个国家的经济将步入成熟阶段，该阶段的特征是主导部门的更换，即这一时期重工业部门成为主导部门，现代技术得到大量、有效的应用；在高额群众消费阶段，消费成为拉动经济发展的主要因素，该阶段的最大特征便是耐用消费品成为主流，相关经济部门得到快速发展，其中最为引人注目的是汽车产业成为主导产业；追求生活质量阶段是罗斯托认为的经济发展的最高阶段，在这一阶段，人们的消费由有形产品为主向无形的服务为主转变。按照罗斯托的观点，这六个阶段中，最为重要的是两个阶段：起飞阶段和由高额群众消费阶段向追求生活质量阶段转变，因为这两个阶段意味着"工业社会中人们生活的真正的突破"，其实就是经济发展的两个重要质变阶段，[①]前者是一个国家实现对传统社会的脱离，而后一阶段则意味着经济步入高质量发展阶段。

从全球经济发展的经验来看，韩国是"二战"后典型的从农业国到工业国发展的案例。韩国在 20 世纪 60 年代还是世界上最贫

---

① 范家骧、高天虹：《罗斯托经济成长理论（上）》，《经济纵横》1988 年第 9 期。

穷的国家之一，1960 年人均 GDP 仅为 87 美元[1]，而到 2017 年达到
29743 美元[2]，基本达到了发达国家的水平。作为典型的农业国，韩
国仅仅用了几十年时间就基本完成了从传统社会向追求生活质量转
变的六个阶段，是典型的后发国家实现快速跨越的案例。而从欧美
等主要发达国家的情况来看，这些国家完成这六个阶段用了几百年
时间。从这些国家发展的历程来看，除了起飞阶段对于落后农业国
具有特别意义之外，其实我们最为关注的经济发展转型即由粗放型
经济增长模式向集约型经济增长模式，大致就是由第五阶段即高额
群众消费阶段向第六阶段即追求生活质量阶段转变的过程，在各国
经济发展实践中，这主要体现为技术创新在经济发展中的作用不断
提高，直至成为驱动经济增长的主要动力，同时还伴随环境改善、
人们生活水平大幅提高等一系列外在表现。当然，作为一个在经验
总结基础上概括出的理论，罗斯托的经济发展阶段理论和具体经济
发展实践还是存在相当程度的脱节，在分析具体国家发展情况时，
不能完全盲目套用这个理论去僵硬地分析现实。当然，毫无疑问，
经济发展到一定阶段，就必然会步入转型阶段，如果不能成功实现
转型，便会陷入经济长期不能持续增长、在某一阶段陷入停滞的局
面，这就是人们常说的"中等收入陷阱"。

就我国的情况看，经济发展的情况比较特殊，很难完全套用罗
斯托的理论。例如，在改革开放初期，我国的情况就很难进行阶段

---

[1] 李思一：《发展中国家技术引进与自主创新的关系》，《国际技术经济研究》2000 年第 3 期。
[2] 此处数据来源于《中国统计年鉴》（2018）。本文的相关数据，如果没有特别说明，一般情况下均来自《中国统计年鉴》。

归属。这是因为在改革开放之前的近 30 年内，中国经济建设以计划经济发展为主，工业体系已经基本建成，其中重工业得到相当程度的发展，因而在改革开放初期，我国兼具了罗斯托经济发展理论若干阶段的特征。然而，整体来说，这个阶段更符合起飞阶段的特征。正是在这个阶段，经济发展进入全面快速发展的阶段，制约经济快速发展的体制因素得到改革，这是典型的起飞阶段的特征。而经过改革开放 40 余年的发展，经济步入新常态，其实质是由第五阶段向第六阶段转变。

二、从经济发展速度和质量关系来看，随着经济发展，经济发展质量的重要性不断提高

在经济发展的不同阶段，经济发展的速度和质量受到重视的程度不同。一般来说，在发展的初始阶段，由于这时候人们的生活水平低，尽快地通过经济发展实现人们收入的提高和生活水平的提升，成为经济发展的主要任务。在这个时期，经济发展质量受到的重视程度则不如发展速度。而从客观条件上看，在经济发展水平不足的时候，整个经济发展的条件较难支撑高质量的经济增长，如要提高经济发展质量，就需要较多的技术储备和较强的技术能力，社会各方就提升经济发展质量要形成高度共识并愿意付出发展速度较慢的代价等，而在经济发展初始阶段、人们生活水平很低的情况下，这些条件都不具备。但是，随着经济的快速发展，经济体的规模不断扩大，人们的收入水平不断提高，这时候人们对于非物质的需求不断提升，对于环境污染的容忍度越来越低，对经济发展的质量要求便越来越高。从经济发展的客观支撑条件来看，随着快速的经济增长，在经济发展过程中累积了一系列的矛盾，这些矛盾对经济的阻碍程度越来越大，这时候就必须通过提升发展质量，逐步解决这些矛盾，特别是深层次的结构性矛盾，这样才能保证经济增长的可持续性，否则经济发展可能步入"中等收入陷阱"。在这种情况下，经济发展的质量相对于之前，受到重视的程度就会大幅提升。

从我国的情况看，改革开放初期，人们的收入水平比较低。1978 年人均国内生产总值仅为 385 元，城镇居民人均可支配收入仅为 343 元，而农村居民人均纯收入仅为 134 元，整体来看，这时候人们的生活尚未达到温饱水平。在这种情况下，社会各方对经济发展的期望是尽快实现经济增长，缩小和发达国家的差距。正是在这种背景下，改革开放的进程不断加速，粗放型经济增长模式正式开启。在改革开放初期，最为明显的特征是乡镇企业异军突起，据统计，总产值从 1978 年的 493.1 亿元，提高到 1984 年的 1500 亿元[①]，再到 1988 年的 6495.7 亿元，企业数量则达到 1888 万个，从业数量达到 9546 万人；1991 年到 1995 年迎来第二个增长高峰，总产值从 11612.7 亿元大幅提高到 68915.2 亿元，年均增长率高达56%。[②]乡镇企业在这一时期对经济发展的作用非常大，1995 年其增加值占农村社会增加值的比重高达 2/3，创造的国内生产总值占全国的 1/3，其工业增加值占全部工业增加值的 1/2，职工人数达到12862 万人，占农村劳动力总数的 28.6%。[③]而乡镇企业的兴起，很

---

① 闫海涛、杜秀娟：《乡镇企业的崛起及发展历程》，《社会科学辑刊》2003 年第 2 期。
② 王宝文：《中国乡镇企业发展历程及转型研究》，《经济视角（中旬）》2012 年第 2 期。
③ 刘应杰：《邓小平关于所有制的理论与中国多种经济成分的发展》，《马克思主义与现实》1997 年第 4 期。

多是在技术和设备一穷二白的基础上实现的，许多企业利用国有企业淘汰的设备进行生产，在这种情况下，乡镇企业很难具备生产上的技术优势。这种情况下实现的经济增长，其实就是简单的规模扩张，属于典型的粗放式经济增长。为了解决资金、技术和管理经验不足的问题，我国大量引进外资，但是整体来看，这个时候进入的外资企业，尽管整体技术水平高于国内企业，其进入中国投资的主要目的仍是利用国内廉价的劳动力和开发庞大的国内市场，因此其投资的项目主要集中在各个产业的加工组装环节，所以这一因素推动的经济增长也属于粗放式模式。

经过 30 多年的发展，中国经济发展取得了丰硕成果。如表 2-1 所示，1978—2012 年国内生产总值从 3679 亿元提高到 540367 亿元，扣除物价因素提高了 23.39 倍。其中，第一产业增加值由 1019 亿元提高到 50902 亿元，扣除物价因素提高了 3.46 倍；第二产业增加值由 1755 亿元提高到 244643 亿元，扣除物价因素提高了 37.38 倍；第二产业增加值由 905 亿元提高到 244822 亿元，扣除物价因素提高了 31.92 倍；人均国内生产总值从 1978 年的 385 元提高到 2012 年的 40007 元，扣除物价因素提高了 16.34 倍。整体来看，第二产业和第三产业增长速度明显高于农业，这也符合经济发展规律，表明改革开放以后我国工业化进程明显加速，而第二产业略高于服务业，表明我国在这一阶段尚未进入服务业高速增长的时期。随着经济快速发展，人们的生活水平也不断提高，全体居民的消费水平从 1978 年的 184 元提高到 2012 年的 14699 元，扣除物价因素，提高了 12.62 倍，尽管低于国内生产总值和

人均国内生产总值的增长速度，但是整体增速也较快，人们的绝对
生活水平得到显著提升。

表 2-1　1978—2012 年我国国内生产总值相关指标情况

年份	国内生产总值（亿元）	第一产业增加值（亿元）	第二产业增加值（亿元）	第三产业增加值（亿元）	人均国内生产总值（元）
1978	3679	1019	1755	905	385
1980	4588	1360	2205	1023	468
1985	9099	2542	3887	2671	866
1990	18873	5017	7744	6111	1663
1995	61340	12021	28678	20642	5091
2000	100280	14717	45665	39898	7942
2005	187319	21807	88084	77428	14368
2010	413030	39363	191630	182038	30876
2011	489301	46163	227039	216099	36403
2012	540367	50902	244643	244822	40007

数据来源：《中国统计年鉴》（各年）。

　　以粗放式为主要特征的发展模式，尽管使中国彻底脱离贫困并
进入中高收入国家行列，但是增长代价也非常高昂。一方面，"大
进大出"的生产方式，使得经济比较效益很低，大量消耗各种资源，
并产生大量的污染。另一方面，在粗放型经济增长模式下，还产生
了一系列结构性矛盾，影响了共同富裕目标的实现，并对我国经济
未来的发展产生了影响。例如，在粗放型模式下，人们的收入增长
速度比不上经济增长速度，表明人们不能同步共享到发展的成果；
人们的收入差距过大，不仅无法体现社会主义的性质，还对经济健
康发展产生阻碍。在这些因素的影响下，经济发展质量的重要性日

益凸显，在经济发展的同时，保证人们各方面的需要得到满足、不断提高经济发展可持续性，已经成为不可避免的趋势，这就要求必须进行经济转型。当然，正如前文所述，经济步入新常态后，经济发展质量的重要性提升，绝对不意味着发展速度就完全不重要，事实上要保证我国社会建设的相关目标得以实现，经济就要保持中高速增长。因此，保持经济发展质量和经济发展速度的平衡便非常重要。

三、从发展驱动因素来看，要素和投资驱动模式难以持续，而创新驱动呼之欲出

从经济发展的动力因素看，粗放型经济增长模式体现为要素驱动和投资驱动，即经济增长高度依赖于各种要素投入和投资的推动。随着经济持续发展，这两大因素难以继续驱动经济以之前的高速度发展，而创新驱动则代替了这两个因素，成为发展趋势。其中，最为突出的问题便是要素驱动难以持续。要素驱动主要是指各种资源能源投入、劳动力及资本要素等，在这里我们通过资源能源要素和劳动要素的转变，对粗放型经济增长模式难以继续的问题进行探讨。

（一）资源能源要素不可持续

粗放型经济增长模式的"大进大出"，大"进"的重要因素是资源能源。事实上，随着中国粗放型经济增长模式发展到相当程度，在国际上出现了"中国生产什么产品，其价格便持续下降；中国需要什么资源，其价格便持续上升"的奇特局面，造成这一现象的重要原因是中国在粗放型模式下对各种能源资源的消耗量持续增加。在这里我们以能源消耗的情况为例进行研究。

改革开放以来，我国能源消耗量大幅上升。从 1978 年到 2012

年，能源消耗量从 57144 万吨标准煤提高到 361732 万吨标准煤，34 年的时间提高了 5.33 倍，年均增长率为 5.6%。尽管相比经济增长速度，能源消耗的经济增长率不高，但是相比全球能源经济增长速度，这一速度相当高。以石油为例，据统计，当前我国石油消耗量在 5 亿吨左右[①]，而 2012 年全球石油产量为 37.86 亿吨[②]，我国石油消耗占全球比重已经很高。考虑到石油在我国能源消耗中的比重并不高，2012 年仅为 18.8%，未来这一比重还有可能持续提高，而在我国石油对外依存度不断提高的情况下，全球石油资源也无法再支撑我国经济保持粗放型经济增长模式。当然，未来能源的发展趋势是清洁能源所占比重会持续提升，但是从我国的情况看，尽管水电、核电、风电等清洁能源（其中水电、风电是可再生能源）比重从 1978 年的 3.4% 提高到 2012 年的 9.4% 左右，提升的速度比较快，但是从整体来看，要完全代替煤炭、石油等传统能源，在短期内不可能实现。另外，我国能源依赖进口的现象已经越来越严重，据统计，到 2014 年，我国原油进口 3.1 亿吨，对外依存度接近 70%；另外一种重要能源产品天然气进口量达到 590 亿立方米，对外依存度已经达到 32.2%。能源短缺已经成为一个影响我国经济安全的重要因素，由于国际能源环境与政治环境息息相关，我国未来能源供应面临着较大的不确定性。总之，当前我国的能源资源要素无法使粗放型经济增长模式继续维持。

[①] 数据来源于：《中国石油年消费量超过 5 亿吨　对外依存度接近 60%》，《人民日报》2015 年 2 月 2 日第 2 版。
[②] 数据来源于刘增洁：《2012 年世界石油市场回顾》，《国土资源情报》2013 年第 1 期。

表 2-2 1978—2012 年我国能源消耗总量及构成情况

年份	能源消费总量（万吨标准煤）	占能源消费总量的比重（%）			
		煤 炭	石 油	天然气	水电、核电、风电
1978	57144	70.7	22.7	3.2	3.4
1980	60275	72.2	20.7	3.1	4.0
1985	76682	75.8	17.1	2.2	4.9
1990	98703	76.2	16.6	2.1	5.1
1995	131176	74.6	17.5	1.8	6.1
2000	145531	69.2	22.2	2.2	6.4
2001	150406	68.3	21.8	2.4	7.5
2002	159431	68.0	22.3	2.4	7.3
2003	183792	69.8	21.2	2.5	6.5
2004	213456	69.5	21.3	2.5	6.7
2005	235997	70.8	19.8	2.6	6.8
2006	258676	71.1	19.3	2.9	6.7
2007	280508	71.1	18.8	3.3	6.8
2008	291448	70.3	18.3	3.7	7.7
2009	306647	70.4	17.9	3.9	7.8
2010	324939	68.0	19.0	4.4	8.6
2011	348002	68.4	18.6	5.0	8.0
2012	361732	66.6	18.8	5.2	9.4

数据来源：《中国统计年鉴》（各年）。

（二）劳动力结构出现重大变化

数量庞大、价格较低的劳动力供应是保证粗放型经济增长模式得以维系的重要因素。随着我国经济规模不断扩大，对劳动力需求不断增加；计划生育推行的效果逐渐显现而出现了新增劳动力数量下降的趋势，在这两个因素的相互作用下，我国劳动力开始由大量过剩逐渐向供求平衡、结构性不足转变。

从劳动力供应数量情况看，如图 2-1 所示，我国每年新增劳动力数量从改革开放以来经历了巨大变化。1980 年，我国每年新增劳动力数量高达 1337 万，1985 年达到 1676 万，而到 2012 年这一数据降为 284 万人。按照这一发展趋势，我国将在若干年后达到年新增劳动力趋近为 0 的境地，考虑到结构性供应的问题，部分领域已经出现了劳动力供不应求的局面。例如，我国部分地区出现"劳工荒"已经达到 10 年左右的时间，且在部分工业区，这一现象已经常态化。而与"劳工荒"现象同时出现的另外一个现象是劳动力工资成本和福利成本持续上升，曾经持续了很长时间的农民工工资冻结的现象已经在 21 世纪初彻底结束，劳动力成本上升成为不可逆转的趋势。这种情况对于对劳动供应和劳动力成本高度敏感的粗放型经济模式而言，具有极为重要的影响。

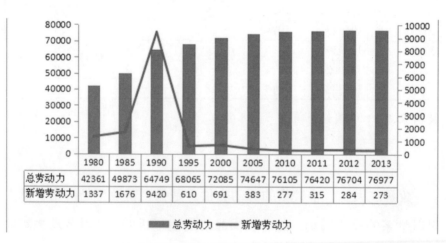

	1980	1985	1990	1995	2000	2005	2010	2011	2012	2013
总劳动力	42361	49873	64749	68065	72085	74647	76105	76420	76704	76977
新增劳动力	1337	1676	9420	610	691	383	277	315	284	273

■ 总劳动力 — 新增劳动力

图 2-1　1980—2013 年我国部分年份以就业人口指标衡量的总劳动力与
净增劳动力数量（万人）

数据来源：《中国统计年鉴》（各年）。

　　另一方面，随着教育状况的改善，特别是高等教育的逐步普及，我国劳动力的素质大幅提升。1980年，普通本科、专科生招生数28.12万人，普通本科、专科生在校生数114.37万人，每十万人口高等学校平均在校生数仅为116人，而到2012年这三组数据分别提升到688.83万人、2391.32万人、2335万人，分别提高了23.50倍、19.91倍和19.13倍，专科以上的招生数量明显提升。从受过高等教育占总人口的比重看，根据国家统计局的相关抽样调查数据，大专以上人口占抽样调查人口的比重从2005年的5.6%提高到2012年的10.6%，短短7年就提高了5个百分点，接近翻了一番。考虑到改革开放初期我国高等教育人口所占比重极低，这一变化巨大。人口受教育程度的不断提高，对创新型国家建设大有裨益，能够有力支撑集约型经济增长模式。

表2-3　1980—2012年我国高等教育相关指标情况

	普通本科、专科生招生数（万人）	普通本科、专科生在校生数（万人）	每十万人口高等学校平均在校生数（人）	人口抽样调查中人口受教育情况		
				抽样调查人数（人）	大专学历以上人口数（人）	大专学历以上人口比重
1980	28.12	114.37	116	——	——	——
1985	61.92	170.31	161	——	——	——
1990	60.89	206.27	326	——	——	——
1995	92.59	290.64	457	——	——	——
2000	220.61	556.09	723	——	——	——
2005	504.46	1561.78	1613	15878355	883192	5.6%

	普通本科、专科生招生数（万人）	普通本科、专科生在校生数（万人）	每十万人口高等学校平均在校生数（人）	人口抽样调查中人口受教育情况		
				抽样调查人数（人）	大专学历以上人口数（人）	大专学历以上人口比重
2010	661.76	2231.79	2189	1091868*(2009)	7 9 5 6 7 *(2009)	7.3%
2011	681.50	2308.51	2253	1067267	107348	10.1%
2012	688.83	2391.32	2335	1047865	110990	10.6%

数据来源：国家统计局网站。其中，人口抽样调查的相关数据中，由于缺乏2010年数据，因此用相邻的2009年数据代替。

第二节　新常态下经济发展的环境变化

在新常态下，我国经济发展面临的环境和以前相比有了显著变化，这也对我国经济转型产生了较大影响。正如十九大报告指出的：尽管当前"国内外形势正在发生深刻复杂的变化"，但是整体来说我国依然处于战略机遇期，光明的发展前景和艰巨的挑战并存。具体来说，经济发展的环境变化主要体现在如下几方面。

一、全球经济发展进入后金融危机时代

尽管金融危机爆发距今已经超过10年，世界各国的经济发展已经呈现出显著的恢复性增长态势，大多数国家从持续几年的负增长的局面走出并恢复了正增长，但是国际金融危机的影响并未完全消除，世界经济步入深度调整期。在后金融危机时代，全球经济发展呈现出如下特点。

一是全球经济增速低迷呈现长期化趋势。国际金融危机爆发之后，全球经济增长并未恢复之前的增长态势，平均增长率比危机之

前有较大程度的降低。如图 2-2 所示，在 2007 年经济危机爆发并在全球蔓延之前，世界经济增长率在 2001 年到 2006 年保持较高水平，年度平均增长率超过 4%，而在国际金融危机爆发之后，平均经济增长率呈现明显下降趋势，特别是在 2012 年到 2016 年间，经济增长率均未超过 3%。从经济发展规律来说，国际金融危机引发了全球经济危机，造成全球经济下滑，而随着时间的推移，在经济周期影响下，全球经济增长率应该在 2012 年到 2016 年间呈现稳步回升趋势。刨除不同年份《中国统计年鉴》中同一年份经济增长率差异较大所造成的数据选取误差问题，有两个结论还是可以得出：一是全球经济增长率在国际金融危机爆发之后的 10 年左右时间内，其平均值比国际金融危机爆发之前有显著下降；二是 2012 年到 2016 年并未出现按照经济周期应该出现的比危机爆发之后紧邻几年经济增长率明显回升的趋势。前一个结论意味着国际金融危机爆发之后，全球经济增长的动力还未恢复到之前的水平；后一个意味着在后金融危机时代全球经济面临深度调整，全球经济还未从国际金融危机的影响中完全走出来，内部面临深层次的结构性因素调整。因此简单地进行周期性分析预测并不准确。

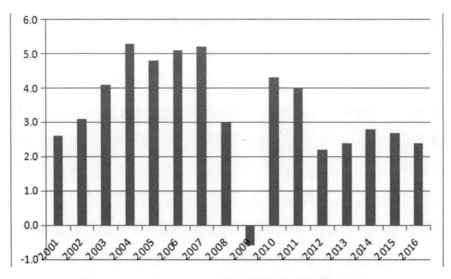

图2-2　2001—2016年全球经济增长率（％）

数据来源：《中国统计年鉴》（各年）。由于各年年鉴提供同一年的数据有较大差异，本文在考虑数据连贯性的基础上，尽量保留了最新年份数据。

从国家的具体情况看，不同国家在后金融危机时代的经济发展情况具有较大差异。从发达国家情况看，内部分化比较显著。以美国和英国为代表的一部分国家，由于国内经济体系比较完善、技术创新能力突出，尽管较早受到经济危机影响，却较早恢复了经济增长，其经济增长率在发达国家中属于较高水平，但是仍远未达到危机前的水平。根据《中国统计年鉴》（2017）的相关数据，2010年、2014年、2015年、2016年美国的经济增长率分别为2.5%、2.4%、2.6%、1.6%，整体来看，多数年份保持在2%以上，这对发达国家来说，已经是较高的水平。以德国为代表的一部分国家，在经历了国际金融危机之后，经济增速逐渐恢复，而且其经济增长率在某种程度上甚至超过了危机前的水平。按照《中国统计年鉴》（2006）的数据，德国在2001—2005年的经济增长率分别为1.2%、0.1%、–0.2%、1.6%、0.9%，而根据《中国统计年鉴》（2017）的相关数据，2010年、2014年、2015年、2016年德国的经济增长率分别为4.1%、1.6%、1.7%、1.9%，可以看出，在2014年到2016年经济增长率明显超过2001年到2005年数据，甚至超过了后者5年中最高的经济增长率。这可能与国际金融危机爆发之前德国经济增长表现较差以及国际金融危机爆发后德国的相关改革有效有关。而从发展中国家的情况来说，基本是两极分化，一部分以印度为代表，尽管也受到国际金融危机的影响，但是很快经济便恢复了高速增长趋势，2014年到2016年印度的经济增长率分别为7.5%、8.0%、7.1%，这在全球经济增速低迷的时代属于极高的速度。另一部分发展中国家，则是受到国际金融危机的影响，经济陷入持续低迷，如巴西2014年到2016年的经济增长率分别为0.5%、–3.8%、–3.6%，这与巴西内部的经济改革不到位、工业竞争力较弱以及一系列体制性因素有关。总之，整体来看，全球的经济增长率尚未达到危机前水平，且从近期发展情况看，短期内也难以达到之前的较高水平。造成这个问题的原因一方面在于国际金融危机的爆发，激化了部分国家经济内部早已存在的结构性矛盾，使其持续发酵进而影响到经济发展；另一方面则与信息技术革命之后，尚未涌现出一个能够对经济发展产生超强推动力的新兴产业，全球经济缺乏新的经济增长点有关。

世界经济低迷对我国未来发展具有较大的影响。一方面，国际经济低迷意味着国外经济需求相对较弱，这对我国商品出口较为不利。特别是对我国优势出口商品中的劳动密集型产品不利影响尤为明显，因为这些商品主要依靠大数额的销售量来弥补单位产品利润率较低的缺陷，而在这些国家经济发展较慢的状况下，这些商品很难继续以相对较高的增速扩展出口数量，同时产品出口价格也会持续走低，进而进一步侵蚀本已很低的利润，这将对这些行业的发展产生明显不利影响。另一方面，世界经济持续低迷，也为我国经济发展创造了一个相对良好的条件，即全球大宗商品的价格下降。由于我国在大量种类的能源和资源上依赖于进口，且依赖度不断提升，在这些能源资源价格走低的情况下，无疑将有利于我国经济发展。

二是全球贸易保护主义有全面抬头趋势。后金融危机时代的另外一个突出特点是贸易保护主义开始抬头，各种不利于全球经济一体化和经贸发展的政策开始在部分国家出现。国际金融危机造成各国经济增长明显减缓甚至陷入负增长，短期内急剧的经济形势变动激发了部分国家内部的保守势力，部分国家为了保护自身利益，不约而同地采取了贸易保护措施。其中主要的受害国之一便是我国。一方面，国际金融危机之后，针对中国商品的各种调查明显增多，这对我国出口型经济发展明显不利；另一方面，以美国为首的西方国家，违反相关约定拒绝在近期承认我国为市场经济国家，这样就使我国商品随时面临受到贸易保护主义的影响而减弱产品竞争力。由于我国外贸依存度较高，对外经济交流是改革开放之后中国经济快速发展的重要支持性因素，且之后在我国经济发展中将继续占据重要地位，因此贸易保护主义抬头对我国发展构成不利影响。但是，应该看到，贸易保护主义在本质上是一个"多输"的策略，改变不了经济全球化的趋势，因此不会对我国经济发展产生持久的、过大的影响。

二、国内需求形势发生深刻变化

与之前相比，经济步入新常态后，国内的需求形势发生了深刻的变化，这对经济发展产生了深刻的影响。主要体现在两个层面。

一是从需求总量因素来说，虽然消费需求稳步提升，但是短期内最终消费率尚不能恢复到理想比重。一个健康可持续发展的经济体，其主要拉动力应主要来自最终消费，这样才能保证经济增长不对外部因素（主要是进出口因素）和国内投资形成过度依赖。而对外部因素过度依赖则意味着国内经济极易受到国际环境过大的影响，对投资的长期过度依赖则会导致经济在发展过程中产生一系列扭曲效应（如对产业结构自然升级的影响）及对高强度投资刺激的倚重。改革开放以来，我国最终消费率过低的状况越来越显著，如表2-4所示，我国最终消费率从1977年到1983年间的均值65.4%下降到1998年到2007年间的均值56.9%。造成这一状况的原因和改革开放以后，投资和进出口因素对我国经济增长的作用提高有关。而从全球的情况看，在1977年以来全球平均最终消费率维持在75%~80%之间，且呈现逐步提升的趋势。世界平均最终消费率从1977年到1983年间的均值75.9%提升到1998到2007年间的78.2%，提升了2.3个百分点。这一水平明显高于我国同期的数值，且随着时间推移，这一差距明显加大，在1977年到1983年间，我国和世界平均水平的差距为 10.5 个百分点，而到 1998 年和 2007 年间，这一差距达到 21.3 个百分点。从不同收入层次国家的情况看，高收入国家和世界平均水平较为接近，从四个时间段的情况看，高收入国家均略高于世界平均水平，最低的差距为 1977 年到 1983 年间，为 0.1 个百分点，最大的差距在 1991 年到 1997 年间，也仅为 0.7 个百分点。中等收入国家和中低收入国家尽管在不同年份均低于世界平均水平，但是差距并不大，最大的差距也就维持在不到 4 个百分点，整体数值比我国高很多。而从低收入国家的情况看，在各个时间段这些国家的平均最终消费率均高于世界平均水平和高收入国家，其最终消费率在不同层次的国家中位居榜首。这与低收入国家经济对外联系较弱、国内投资能力不强有关。

表 2-4 1977—2007 年世界平均及不同收入层次国家最终消费率（%）

	1977—1983	1984—1990	1991—1997	1998—2007
世界	75.9	76.3	76.9	78.2
高收入国家	76.0	76.7	77.6	78.6
中等收入国家	74.1	73.3	73.7	74.9
中低收入国家	75.1	74.4	74.5	74.9
低收入国家	80.5	80.1	79.0	79.0
中国	65.4	63.5	57.9	56.9

数据来源：江林、马椿荣等：《我国与世界各国最终消费率的比较分析》，《消费经济》，2009 年第 1 期。

事实上，从 2007 年之后我国最终消费率的变动情况看，最终消费率呈现出明显的先下降后有所上升的趋势，2008 年到 2011 年的四年间（包括 2008 年），我国最低消费率低于 50%，最低仅为 48.5%（2010），之后开始呈现上升状态，到 2016 年达到 53.6%，达到 2005 年以来的最高值，但是这一数值也没达到 2003 年到 2007 年的均值（56.9%）。低收入国家最终消费率特别高的状况表明，我们不能仅凭最终消费率一个指标来评判一个经济体的发达程度和经济发展的健康状况，但是与不同收入层次的国家相比，我国最终消费率均偏低的状况是偏离常态的。事实上，最终消费率偏低严重影响了我国经济增长。研究表明，最终消费率和经济增长之间呈现倒 V 形关系，其中最佳最终消费率为 68.12%[1]，而我国目前的最终消费率离这一最佳状态尚有很大的差距，这就意味着它对我国经济增长形成较强的制约。从我国最终消费率最低的原因层面上看，受多重因素影响，城镇居民的消费动力和能力不足。有研究表明，虽然居民消费和政府消费同样对经济增长形成拉动作用，但是二者拉动效率是不同的，政府消费每增加 1 个单位则拉动经济增长 0.166 单位，而居民消费每增长 1 单位则拉动经济增长 0.734 单位，后者是前者的 4.42 倍。[2]从另外一个角度解读，这实际上便是我国当前居民消费过低，已经对经济健康发展形成了制约作用。

最终消费率持续过低，对我国未来经济发展构成不利影响，即在国际经济低迷、投资难以维持持续递增的情况下，最终消费不能充分发挥其对经济的拉动作用，无法对经济持续发展形成支撑。这就要求

① 刘金全、王俏茹：《最终消费率与经济增长的非线性关系——基于 PSTR 模型的国际经验分析》，《国际经贸探索》2017 年第 3 期。
② 黄敦平：《最终消费与经济增长关联性计量检验》，《统计与决策》2017 年第 12 期。

我们必须从导致最终消费较低的各种因素入手，持续地提高最终消费，使其达到理想状态。例如，制约人们消费率提升的因素包括贫富差距过大（这是因为边际消费倾向递减，贫富差距越大，则总消费越低）、各项社会保险和福利不足（人们消费有后顾之忧）、部分特殊行业的高价格对部分群体的其他消费形成挤出效应（主要是房地产），等等。整体来看，要提高最终消费率，即便各项措施十分有效，也很难立竿见影，马上取得明显成果，因此关键是要建立提高最终消费率的长效机制，不可操之过急。

二是居民消费需求和以前相比发生了巨大变化。在改革开放初期，由于人们的收入较低、生活档次不高，因此人们的需求主要体现为满足生活基本需要，对产品和服务的质量、档次要求不高，而对产品和服务的数量相对要求较高。随着人们收入的提高，尽管我国居民收入的增长速度整体滞后于国内生产总值增长速度，整体居民的收入和消费水平依然较低，但是由于贫富差距大、人口基数多，我国早已形成了一个数量相当庞大的高收入群体，这个群体对消费的要求不断提升。同时，在这个群体消费所形成的示范效应影响下，其他消费者群体随着收入在未来的进一步提高，也将对消费升级提出急迫性需求。这个因素的变化，客观上对我国产业结构升级构成促进性因素，对我国未来的经济发展产生深刻影响。

三、我国参与国际经济合作出现新机遇

当前国际经济合作态势发生了重大变化，主要体现在以国际贸易组织为主要合作平台和推动力的全球经济一体化趋势遇到重大阻碍，以地区合作为趋势的国际经济合作新趋势逐渐显现。这主要是

因为在国际贸易组织框架内，"求同存异"条件下的国际合作潜力已经逐渐释放完毕，要进一步推动国际合作，就必须在各个国家有所保留的区域内取得突破，而这涉及许多国家的核心利益，短期内难以实现，这主要体现在部分国家对农业补贴措施的保留、发展中国家和发达国家就知识产权保护和投资保护等问题针锋相对，等等。实际上，一些领域一直没有取得实质性突破的原因在于这些领域的对外放开对部分国家而言难以接受，如日韩农产品市场如果完全放开，则本国的种植业面临全面破产的境地。在这种情况下，要在世界贸易组织框架内取得新的重大突破十分困难，而很多国家为了进一步分享全球经济一体化的好处，转而求助于地区经济合作。这种合作模式解决了世界贸易组织国家数量过多、利益过于分散的问题，因而部分组织在合作的领域取得了突破，并对世界贸易组织框架形成了替代压力。

另一方面，以美国为首的发达国家在国际经济合作中的话语权呈现逐渐降低趋势。事实上，"二战"以来，以美国为首的西方发达国家，凭借自身强大的经济实力和对全球事务的强大驾驭能力，在各大经济合作组织都具有强大的话语权，并以此为基础，主导制定了明显对自身有利的国际经济合作机制，使发展中国家在参与国际经济合作中始终无法获得和发达国家一样多的好处。在以前，由于发展中国家整体经济实力无法和发达国家抗衡，因而无法改变美国等发达国家掌控话语权的状况，但是随着发展中国家的逐渐兴起，整体实力不断壮大，而发达国家在全球经济体系中的份额则处于不断下降趋势，因而美国等发达国家在国际经济合作中的话语权正在降低，发展中国家在规则制定等方面的话语权正在逐步提高。

以上状况，对中国参与国家合作产生了新影响。一方面，在现有的国际合作框架内，我国作为最大的发展中国家，在规则制定、事项参与等方面的话语权正在不断增加。例如，在国际货币基金组织的份额中，我国的份额便在 2016 年升至第三位，同时人民币成为特别提款权货币单位，这都在较大程度上反映了我国话语权的提升。通过话语权的提升，我国在未来相关国际合作组织规则的制定、各项事务的决定等方面将具有更大的影响力，从而为更大程度上保护我国和发展中国家的利益，进而使整个国家经济体系的利益分配更加公平合理奠定了基础。另一方面，在地区合作日益成为主流的前提下，我国可以积极参加并主导部分地区合作组织，从而为自身经济发展创造良好的基础。例如，我国倡议的"一带一路"建设，是一个涉及国家众多、发展前景空前的合作平台，以此为平台，我国可以加深与其他许多国家的经济合作，对我国经济发展构成有利因素。

第三节　新常态下我国经济发展的目标分析

按照党中央的相关规划，中华民族伟大复兴的目标可以分为两个层次：一是在第一个一百年，也就是 2021 年前后，实现全面建成小康社会的目标。而在之后的 30 年，则分为两个阶段：在 2035 年前后基本建成现代化，在 21 世纪中叶基本建成富强民主文明和谐美丽的社会主义现代化强国。[①]这实质上也是新常态下我国经济发展的目标，本节将对这三个目标进行详细分析。

一、第一个一百年：全面建成小康社会目标

全面建成小康社会是近期将要达到的目标，从目前算起到 2021 年这个时间段是全面建成小康社会的决胜阶段，其实就是全面建成小康社会实现最终目标的冲刺阶段。

（一）作为目标的小康社会内涵演变历程

"小康社会"这一词语最早始于《诗经》，而作为中国社会发展的目标出现，则始于 1979 年，邓小平同志在会见时任日本首相大平正芳时正式提出了这一概念。第一次提出这一概念时，小康社会是作为与发达国家的现代化相比较的一个概念，其内涵实质相当于中低收入国家生活水平。1984 年，邓小平同志在会见时任日本首相中曾根康弘时，明确指出："所谓小康，从国民生产总值来说，就是年人均达到 800 美元。"[②]按照 2000 年世界银行关于高中低收入国家的标准，低收入国家的标准为小于或者等于 750 美元，而 800 美元略高于此标准。当然在 1984 年邓小平同志提出这一标准的时候，世界银行关于最低收入国家的标准会更低一些，但是整体来看，800 美元的标准就是刚刚脱离低收入水平。1987 年 10 月召开的党的十三大提出了"三步走"发展战略，按照这一战略，到 20 世纪末人均 GDP 要比 20 世纪 90 年代初提高一倍，实际要达到 1000 美元

① 习近平：《决胜全面建成小康社会　夺取新时代中国特色社会主义伟大胜利——在中国共产党第十九次全国代表大会上的报告（2017 年 10 月 18 日）》，《人民日报》2017 年 10 月 28 日第 1 版。
②《邓小平文选》第三卷，人民出版社 1993 年版，第 64 页。

左右。这一小康社会的收入标准实际上仍然略高于低收入标准。

当然，作为衡量一个社会发展的综合性指标，小康社会的内涵不止人均 GDP 一个指标。1991 年公布的第八个五年计划中，将小康社会解读为"生活资料更加丰裕，消费结构趋于合理，居住条件明显改善，文化生活进一步丰富，健康水平继续提高，社会服务设施不断完善"。为了更好地衡量小康社会的进展状况，同年国家统计局联合计划、财政、卫生、教育等 12 个部门，共同制定了包含人均收入、居住水平、营养水平、交通状况、教育情况等在内的 16 个指标的小康社会指标体系。以此为基础，国家统计局制定了《全国人民小康生活水平的基本标准》《全国农村小康生活水平的基本标准》和《全国城镇小康生活水平的基本标准》等三个小康社会标准体系。①

1997 年召开的十五大尽管没有特别强调小康社会，但是提出了"使全国人民过上小康生活，并逐步向更高的水平前进"的目标，并对 21 世纪的前两个十年以及到 21 世纪中叶（2049 年前后）分别提出了不同的发展目标，提出了 2010 年国内生产总值比 2000 年要翻一番的目标。这一系列的目标为之后对小康社会的进一步诠释奠定了基础。在 2000 年左右我国人民生活基本达到小康社会之后，2002 年召开的十六大指出当时已经实现的小康社会是"低水平的、不全面的、发展很不平衡的小康"，提出了"全面建设小康社会"的目标。全面建设小康社会的目标被分解为四个组成部分：经济及综

---

① 向德平、肖小霞：《小康社会研究综述》，《经济与社会发展》2003 年第 8 期。

合国力的提升，社会主义民主、法制的继续完善，全民科教文化道德素质的提升及相关体系建设的完善，可持续发展能力的提升。其中，这一目标体系中最核心的一条便是 2020 年的 GDP 要比 2010 年翻两番。2007 年召开的党的十七大进一步提出了全面建设小康社会的新目标，在增强发展协调性、加强社会主义民主、加快发展社会事业、建设生态文明等四方面提出了更高要求。其中，核心指标的变化是将之前强调 GDP 在 2020 年比 2010 年翻一番，换成了人均 GDP 指标，在人口增长率为正的情况下，指标的细微变化其实是反映了对经济发展的更高要求。

2012 年党的十八大正式提出了"全面建成小康社会"的目标。这一目标主要包括经济持续健康发展，人民民主不断扩大，文化软实力显著增强，人民生活水平全面提高，资源节约、环境友好型社会建设取得重大进展等五方面。其中，最核心的目标是国内生产总值和城乡居民人均收入实现 2020 年比 2010 年翻一番，由之前单纯强化 GDP 向重视双目标转变，反映了对人民实际生活水准的提升的重视。

（二）全面建成小康社会决胜阶段的主要特点

在这一阶段，我们需要强调如下两点。

决胜阶段最主要的特征是"决胜"。一方面，从时间上看，十九大跨越 2020 年，而 2020 年是全面建成小康社会的截止期限。因而，在这个时间段内，我们需要全面达成小康社会所提出的一系列目标。另一方面，之所以提出"决胜"这一概念，在很大程度上暗含着这一阶段要实现相关目标，不是轻而易举，而是面临较大挑战。全面建设小康社会决胜阶段，本身也是我国从粗放型经济增长模式向集约型经济增长模式转变的关键时期，这一时期最大的特征是技术创新作为经济发展动力由量变向质变转变。但是，从传统的要素驱动模式向创新驱动模式转变，是一个较为漫长的过程，且这种缓慢的量变不会顺利引发质变，而是需要克服各种"临界效应"，并需要付出很大的代价。越接近创新的核心环节，整个技术创新活动对创新资源投入、创新人员的能力、产学研合作效率、企业内部综合管理水平、外部宏观环境的匹配程度等一系列因素要求将越高，研发活动最终失败的风险也急剧提高。而发达国家的企业，通过构建"专利池"、控制行业标准等手段，对竞争对手的技术创新活动设置了重重障碍，通过滥用知识产权的行为保护自身利益。在这种情况下，我国企业要实现由低价格竞争力向以创新为主要支撑的核心竞争力转变，将变得更为艰难。从企业发展角度看，留给企业从低价格竞争力模式向创新竞争力模式转变的时间其实并不长，而提高技术创新能力的难度很高。随着我国劳动力结构的变化，劳动力价格将长期处于不断增长的态势，同时重要矿产、能源产品对国际市场依存度不断提高，环境保护要求急剧提高的宏观形势，决定了企业将面临较短时间内失去低价格优势的风险。如果不能在这较短时间内实现动力转换，企业将面临大规模破产的风险，这将令实现以技术创新作为核心动力的理想目标无从实现。特别需要强调的是，经济发展方向不一定会一帆风顺地沿着结构优化的道路发展下去，如果内部发展出现问题，例如技术进步速度过慢，就有可能会导致经济陷入发展速度下降、经济发展转型停滞的状态，陷入"中等收入陷阱"。

　　决胜阶段的第二个特征是承上启下。决胜阶段一头连接着全面建设小康社会的第一个一百年目标，一头连接着党的第二个百年奋斗目标。只有在这一阶段努力实现相关目标，才能为下一阶段的发展创造坚实的基础。我们不能简单地认为提出决胜阶段的意义就仅仅在于要实现这一阶段的发展目标，而应该用更长远的目光看待这一阶段。事实上，在我国社会主义建设进程中，全面实现小康社会的目标，也不过是刚刚踏入高收入国家的门槛。预计到 2020 年我国人均 GDP 将超过 10000 美元，这将基本达到高收入国家的标准。但是应该看到，这一收入水平在全球范围内还比较低，2017 年全球人均 GDP 就达到 10714 美元，高于我国同期人均 GDP（8827 美元），而到 2020 年即便我国超过 10000 美元，也仅仅是达到全球人均平均水平，离主要发达国家还是有较大差距。2017 年美国人均 GDP 达到 59532 美元，是我国同期人均 GDP 的 6.74 倍，而日本和韩国分别为 38428 美元和 29743 美元，均远远超过我国。即使在 2020 年后我国人均 GDP 增速超过这些国家，但是也依然保持着较大差距，要真正达到发达国家的水平，还需要较长时间的努力。而从产业结构发展角度看，我国产业结构升级的步伐尽管有所加快，但是离发达国家产业水平还有较大差距。整体来看，要达到发达国家的平均水平，我国还需要几十年的时间，这基本上也就是我们制定的第二个百年目标的时间。因此，作为承上启下的全面建设小康社会的决胜阶段，在我们整个社会主义建设进程中具有重要的意义。

二、2020—2035 年：基本实现社会主义现代化

　　按照十九大报告，在我国全面建成小康社会之后的 30 年内，我

国的发展要分为两个阶段，其中，第一个阶段是 2020 年到 2035 年，要基本实现社会主义现代化。而根据原来设计的"三步走"战略，我国要在 21 世纪中叶，人均国民生产总值达到中等发达国家水平，人民生活比较富裕，基本实现现代化。两相比较，十九大其实是将我国三步走战略的第三步的目标提前了 15 年。①关于这个阶段，主要可以从如下几个角度描述。

（一）经济与科技实力大幅跃升，进入创新型国家行列

截止到现在，我国经济规模依然稳居全球第二，和美国尚保持一定的差距。但是，按照我国步入新常态后经济增长速度将步入中高速来进行核算，我国将在 2030 年之前实现国内生产总值对美国的反超，从而达到全球经济规模第一，这又是一个重要的台阶。这将是时隔多年后，我国经济规模再度跃居全球第一。实际上，按照美元合算的国内生产指标，低估了我国的经济规模，按照购买力评价计算，我国早就超越了美国，成为世界第一。

在这一阶段，更为重要的变化是，我国在经过十几年的奋斗之后，将进入创新型国家行列。所谓的创新型国家，就是实现了创新驱动的国家，达到这一标准，在很大程度上标志着我国经济步入新常态后，经济转型的目标已经初步达成。我国当前的技术创新尚未在许多技术关键技术领域取得突破，但是量变引起质变，随着我国对技术创新的投入和重视程度不断增加，通过社会主义市场经济体制中政府对经济高效引导和调控作用的发挥，我国技术创新将完全

---

① 习近平：《决胜全面建成小康社会　夺取新时代中国特色社会主义伟大胜利——在中国共产党第十九次全国代表大会上的报告（2017 年 10 月 18 日）》，《人民日报》2017 年 10 月 28 日第 1 版。

能够在 2035 年左右取得重大突破，在技术创新领域打破技术先进国家和追随国家之间的巨大壁垒，从而进入创新型国家行列，技术创新在经济发展中的贡献度不断提高，那时候我国也将摆脱 8 亿件衬衫换一架飞机的窘境，成为全球重要的科技中心，中国智造的名声在全球将更加响亮。

（二）国家治理体系和治理能力现代化基本实现

国家治理体系和治理能力现代化是 2013 年 11 月在党的十八届三中全会中提出的目标。这一目标所包含的内容极为广泛，据统计，在十八届三中全会的决定中，围绕此问题，提出了 60 多条、300 多项举措，这既能反映党中央对此问题的重视，切实采取措施推进相关改革，从另一方面也反映了这一问题所涉及的范围极其广泛。按照十九大报告，到 2035 年我国实现国家治理体系和治理能力现代化的目标，具体来说，包括"人民平等参与、平等发展权利得到充分保障，法治国家、法治政府、法治社会基本建成，各方面制度更加完善"[①]。

人民平等参与、平等发展的权利是体现国家治理的人民主体性的最重要表现，只有人民广泛地、彼此平等地参与，才能真正推动国家治理是为人民服务的基本宗旨，保证国家治理建设过程体现人民利益。同时，国家治理体系和治理能力的现代化，在一定程度上是为了实现人民平等发展的权利，国家治理体系不断完善的进程，也就是纠正与此不一致的问题。

---

① 习近平：《决胜全面建成小康社会　夺取新时代中国特色社会主义伟大胜利——在中国共产党第十九次全国代表大会上的报告（2017 年 10 月 18 日）》，《人民日报》2017 年 10 月 28 日第 1 版。

全面依法治国是国家治理的一场深刻的革命，其推进程度，在很大程度上决定了国家治理体系和治理能力现代化目标的达成。到2035年前后，我国将基本建成法治国家、法治政府和法治社会，全面依法治国的局面将初步形成。

（三）国家软实力显著增强

到2035年，我国文化建设和影响力将取得重大成就。一个国家文化的发展成就，与这个国家发达程度、民族自信心与创造力、国际影响力都有紧密关系。而随着中华民族复兴时期的到来，在中国特色社会主义道路不断发展的基础上，具有鲜明的中国特色、体现社会主义特点、融合了传统文化的新型中国文化将不断发展，而且文化的国际影响力不断增强，并通过影视、书籍及学术等途径，不断影响全球，打破以美国为首的资本主义文化在全球范围位居"主流"的局面。同时，通过中国经济实力及影响力的持续增强，文化的影响力将与其形成协同增进效应，全球文化中的中国元素将持续增多。

（四）人民生活将更加幸福

十九大报告提出，到2035年要实现"人民生活更为宽裕，中等收入群体比例明显提高，城乡区域发展差距和居民生活水平差距显著缩小，基本公共服务均等化基本实现，全体人民共同富裕迈出坚实步伐"。①具体来说，对人民生活更加幸福的相关目标，从四方面进行了规定。

---

① 习近平：《决胜全面建成小康社会 夺取新时代中国特色社会主义伟大胜利——在中国共产党第十九次全国代表大会上的报告（2017年10月18日）》，《人民日报》2017年10月28日第1版。

一是人民生活水平更加宽裕。这将主要体现为人民生活水平的进步，其中最为体现这一问题的指标就是人民收入水平的提高。到2035年，我国将基本达到中等发达国家收入水平，到那时，人民的收入水平很可能将表现为比国内生产总值更高速度的提高。这主要是因为改革开放过去40余年的时间内，我国人均收入的增加速度在多数年份低于国内生产总值，而在最近几年，人均收入的增加速度明显提升，高于同期国内生产总值的增加速度，这一趋势很可能将在未来继续保持。这就意味着，到2035年，人们收入的增加将十分显著，人们将有更多的钱用于消费，这样人们的生活水平也将持续提高。而从供给的角度看，供给侧改革将在此之前取得重大成效，人们能够购买的商品、服务种类将会大增，个性化供给特征明显提升，满足人们需要的程度也将有质的提升，这也会大大促进人们生活水平的进步。

二是从收入分配的角度看，收入分配更加均等，高收入群体和低收入群体比重将明显降低。根据国家经验，一个橄榄型的收入分配结构是经济富裕、分配相对合理的结构。到2035年，随着我国缩小贫富差距、实现共同富裕的相关措施的推动，中等收入群体将大幅增加，而收入很高和收入很低的群体将大为减少，整个社会的贫富差距将降低到合理程度。

三是城乡区域发展差距显著缩小。在改革开放之后的40年时间内，我国城乡区域发展的差距曾经较大，而在最近几年这一差距开始呈现较为明显的缩小的趋势。但是从绝对水平看，这一差距依然十分显著。而随着新时代中国特色社会主义建设的不断推进，这一问题将在 2035 年得到明显有效的控制，那时，虽然城乡区域发展的差距无法做到完全消失，但是会大幅缩小。

四是基本公共服务均等化基本实现。根据《国务院关于印发"十三五"推进基本公共服务均等化规划的通知》中的定义，基本公共服务是"由政府主导、保障全体公民生存和发展基本需要、与经济社会发展水平相适应的公共服务"，主要包括基本公共教育、基本劳动就业创业、基本社会保险、基本医疗卫生、基本社会服务、基本住房保障、基本公共文化体育等内容。而基本公共服务均等化，则是"指全体公民都能公平可及地获得大致均等的基本公共服务，其核心是促进机会均等，重点是保障人民群众得到基本公共服务的机会，而不是简单的平均化"①。从现实经验看，城乡区域差距与基本公共服务的非均等化存在明显正相关关系，即在城乡区域差距较大的时候，基本公共服务非均等化问题也就越突出。随着城乡区域发展差距的缩小，基本公共服务均等化的目标也将基本实现，到 2020 年，"基本公共服务体系更加完善，体制机制更加健全，在学有所教、劳有所得、病有所医、老有所养、住有所居等方面持续取得新进展，基本公共服务均等化总体实现"②。但是，应该强调，基本公共服务的范畴还是比较狭窄的，离广泛意义的公共服务均等化目标还是有较大差距，而要实现后一个目标，还需要很长时间的努力。

---

① 《国务院关于印发"十三五"推进基本公共服务均等化规划的通知》，http://www.gov.cn/zhengce/content/2017-03/01/content_5172013.htm。
② 同上。

三、2035—2050 年：建成富强民主文明和谐美丽的社会主义现代化强国

根据十九大报告，到 2050 年前后，也就是 21 世纪中叶，我国将建成富强民主文明和谐美丽的社会主义现代化强国，"我国物质文明、政治文明、精神文明、社会文明、生态文明将全面提升，实现国家治理体系和治理能力现代化，成为综合国力和国际影响力领先的国家，全体人民共同富裕基本实现，我国人民将享有更加幸福安康的生活，中华民族将以更加昂扬的姿态屹立于世界民族之林"。[①]这一目标，其实就是标志着中华民族伟大复兴目标的实现。达到这一目标后，我国将达到如下状态。

（一）经济和技术发展达到新高度

到 21 世纪中叶，我国国家富强将达到新的高度。

一是经济将达到从未有过的发展水平。在此时，我国不仅在经济规模上将持续占据全球第一，在人均国内生产总值方面也将取得重要突破。在这里，我们做一个简单预测，2017 年到 2049 年我国人均国内生产总值预计在 5% 左右，这是因为尽管我们近期国内生产总值增长率的目标是 6.5%，但是随着我国经济继续发展，经济增长速度将继续下降，在超过 30 年的时间跨度内，经济增长很可能从目前的中高速降到中速，有的专家甚至预计我国在新常态下的增速可能在 4.5% 左右，我们在这里取一个相对折中的数字 5%，即便这一数字，用 30 年的目光来看，也是很高的数字。由于我国人

---

① 习近平：《决胜全面建成小康社会　夺取新时代中国特色社会主义伟大胜利——在中国共产党第十九次全国代表大会上的报告（2017 年 10 月 18 日）》，《人民日报》2017 年 10 月 28 日第 1 版。

口总量在这期间的增长率很低，或者会陷入较低速度的负增长，但是整体变动比例很低，在此忽略不计。而按照每年人均国内生产总值增长 5% 计算，到 2049 年我国人均 GDP 将达到 45000 美元左右（2016 年为 8100 美元左右）。而美国 2015 年人均国内生产总值为 55837 美元，按照每年 2.5% 的较高速度计算，到 2049 年其人均国内生产总值达到 130000 美元左右，将仍然是我国的 2.9 倍左右；而如果按照每年 2% 的中等增长速度看，到 2049 年其人均国内生产总值为 110000 美元左右，是我国的 2.4 倍。但是，需要考虑到另一个重要因素，即在一个国家持续发展、综合国力不断增强的进程中，其货币的汇率将不断升高。据统计，在"二战"结束不久的 1949 年，日元汇率是 360 日元兑换 1 美元，而随着日本经济的持续发展，汇率不断攀升，到 1995 年曾经一度达到 80 日元兑换 1 美元，而到现在则是 110 日元左右兑换 1 美元。照此推算，如果我国经济持续以较高速度推进，则汇率也将有较大的升值空间，在此因素推动下，我国到 21 世纪中叶，人均国内生产总值完全可能达到甚至超过美国的水平，从而达到发达国家的先进水平。

二是创新型国家建设将达到新的高度。在基本实现现代化的基础上，我国创新型国家的建设将在这一时期达到前所未有的高度。这一时期，我国在技术创新方面有望实现全面的领先，在多数技术创新领域都处于世界先进水平。当然，由于各国分工的不同，我国不可能在所有技术上都获得领先地位，但是整体来说，在各个领域、各个环节我国的技术创新都将处于领先水平，彻底摆脱技术落后的局面，实现技术的全面现代化。

（二）人民生活水平更高

在这一阶段，人民的生活水平将在基本现代化基础上更上一层楼，达到更高水准，物质生活水平达到发达国家的较高水准，精神文化生活大大丰富，社会保障水平大幅提升，人们的幸福指数将达到前所未有的水平。

从人们的收入情况看，在 2035 年基础上，收入水平进一步提高，分配结构更加合理，贫富差距将进一步缩小，全国人民共同富裕基本实现。从世界各国的发展经验看，人均收入存在着收入水平和分配的状况较难协调的问题，例如，《21 世纪资本论》就揭示出，从长期来看，资本主义国家存在着收入差距不断扩大的趋势。[①]但是，作为社会主义国家，随着我国在民生方面的措施持续发挥作用，在这一阶段，我国将彻底解决这一难题，真正实现收入高、分配公平的状态，充分体现社会主义的优越性，进一步凸显对资本主义国家的优势。在城乡区域差别方面，在 2035 年基础上，全国区域发展之间不平衡的局面将进一步缩小，城乡差距将逐步完全消失，农民所享受的教育、文化、养老、医疗等各方面的公共服务和社会保障将与城市持平。在这样的基础上，原来由于收入低及贫富差距大而产生的一系列问题将迎刃而解，因而人们的幸福指数将大幅增加，整个社会更加和谐。

从精神文化生活情况看，随着经济发展，政府对各项文化建设的投入将不断提高，文化基础设施水平不断提升，各项文化服务将

---

① 申唯正：《贫富差距何以大幅拉升——对皮凯蒂曲线背后历史事件的再解读》，《马克思主义与现实》2015 年第 5 期。

呈现更加个性化、深度化、丰富化的趋势，人们的各项精神文化需求将得到更大的满足。从精神文化生活的质量看，人们的各项文化娱乐将更加健康，整个民族将呈现出积极向上的精神状态，而这一状态将大幅提升人们的幸福感，并有利于人们工作积极性的增加，对社会主义建设大有裨益。

从社会保障的情况看，这一时期，我国的社会保障水平将得到全面提升，达到发达国家的较高水准，人们在医疗、就业、养老等方面享受到高水平的保障，从而减少了后顾之忧。在这种情况下，人们在主观上将感觉更加幸福，生活更有保障。在客观上，这将有利于人们增加消费，从而为经济增长质量的提升打下坚实的基础，彻底摆脱经济增长对出口和投资的依赖。

（三）国家治理体系和治理能力现代化全面实现

伴随着这一时期我国在政治文明、经济文明等方面达到的新高度，社会主义各项制度更加完善，我国国家治理体系和治理能力将在 2035 年基础上，全面实现现代化。这时候，社会主义相关的政治制度、经济制度、文化制度等将日臻成熟，各政府部门治理能力不断提升，党对社会主义建设的领导作用更加突显。届时，中国的各项制度，包括人民代表大会制度、政治协商制度等政治制度，以国有经济为主体、各种所有制共同发展的经济制度，其优势将进一步得到发挥和显示。

（四）生态文明取得全面进步

按照十九大报告，到 2035 年要实现"生态环境根本好转，美丽中国目标基本实现"的目标①，在这种情况下，我国生态文明建设将取得巨大进步，在经济发展进程中出现的各种环境污染、生态问题将得到根本性扭转，初步建成山清水秀的美丽中国，使人们的生活环境质量得到明显提升。而到 2050 年，我国的生态文明建设将进一步提升，不仅在环境污染的治理方面取得更加突出的成就，在生态建设的其他方面也将取得突破，如在森林覆盖率、沙漠化治理等指标方面实现历史性突破，使整个国家生态环境更加优化，人们将在更优美的环境下生活。另一方面，与生态文明相关的产业和技术将大幅进步，例如各种清洁能源的普及将达到一个较高水平，日常生活用品的环保技术将得到大幅应用，各种环保产业到那时候有望成为支撑我国发展的重要支柱性产业。

（五）国际影响力大幅提升

在这一阶段，随着综合国力的持续提高，中国的国际影响力也将迅速提升，成为国际多极化格局中的重要一极。根据美国从经济规模跃居全球第一到影响力真正达到顶点需要 50 年左右的时间预计，到 2050 年中国的影响力将迅速增加，在经济、政治、文化等各方面开始引领全球，但是其影响力尚未达到顶峰。特别是中国是在和平基础上发展起来的，以美国为首的发达国家虽然相对实力将持续减弱，但是依然在各方面保持较大影响力。而中国的崛起将成为无法阻挡的趋势，中国经济的发展模式，有可能在此期间成为发展中国家实现现代化的一种借鉴选择。在国家合作方面，中国的话

① 习近平：《决胜全面建成小康社会　夺取新时代中国特色社会主义伟大胜利——在中国共产党第十九次全国代表大会上的报告（2017 年 10 月 18 日）》，《人民日报》2017 年 10 月 28 日第 1 版。

语权将不断增加，西方发达国家有可能会激烈对抗，但是最终却无法改变中国影响力不断提升的趋势。由于中国秉持构建"利益共同体"和"人类命运共同体"的理念，在国际合作中真正贯彻公平、公正的原则，因而将会得到绝大多数发展中国家的拥护。

例如，在这一时期，随着我国经济实力不断提升，我国对国际经贸合作的影响力将达到很高的水平。由于秉持与发达国家不同的立场，广大发展中国家中将从中获得更多的利益，全球经济发展尤其是发展中国家的经济发展水平有望达到新的水平。特别值得一提的是，中国的发展将为这些国家提供一个新的发展方案，使尝试通过西方发展模式实现现代化受阻、陷入各种陷阱的发展中国家有了实现现代化的新的路径，而这将对全球长期经济发展产生深远影响。

第四节　新常态下我国高质量发展的内在属性问题研究

十九大报告提出"我国已经由高速增长阶段转向高质量发展阶段"，提出了高质量发展的概念。高质量发展是在我国社会主义建设步入新时代、经济发展步入新常态、社会发展主要矛盾由人民日益增长的物质文化需要同落后的社会生产之间的矛盾转化为人民日益增长的美好生活需要和不平衡不充分的发展之间的矛盾的背景下提出来的，具有鲜明的现实针对性和对未来发展的指引功能，对这一问题展开深入研究具有极强的实践价值和理论意义。本文认为，在对高质量发展进行研究的过程中，必须注重我国和西方资本主义国家之间的比较，既要在共性规律方面借鉴西方国家的有益经验，又要注重我国作为社会主义国家和西方资本主义国家的本质不同。

一、对高质量发展概念的探讨

目前，关于高质量发展的相关研究，普遍倾向于结合我国当前经济发展的实践，根据我国经济发展所处的状态（新常态）、经济发展重点的转变（由重经济发展速度向重经济增长质量转变）以及我国经济发展的重要举措（供给侧结构性改革）、经济发展新理念等角度去理解高质量发展。史丹、赵剑波、邓洲认为，高质量发展的本质体现了发展方式、经济结构、增长动力的根本转变，同时高质量发展观念贯穿经济社会的各方面、各环节。他们认为，高质量发展的核心便是要依托经济转型提高经济增长质量，具体来说，是要依托供给侧结构性改革，实现经济发展质量变革、效率变革、动力变革；[①]景维民、王瑶认为高质量发展就是能够更好地满足人们美好生活需要，并反映新发展理念的发展，其内涵是要求质量第一、效率优先的理念，而其动力是混合经济结构的优化；[②]田秋生则认为高质量发展是一种新的发展理念、发展方式和发展战略，与高速增长相比，它具有增长内涵更加丰富、更低成本更高效率、更高水平层次形态的特征；[③]罗小芳、卢现祥则认为，高质量发展的实质便是由要素驱动转向创新驱动，因此高质量发展的关键因素是创新；[④]王珺从供给侧的角度给出了高质量发展的定义，认为高质量发展体现为整

---

① 史丹、赵剑波、邓洲：《推动高质量发展的变革机制与政策措施》，《财经问题研究》2018 年第 9 期。

② 景维民、王瑶：《改革开放 40 年来中国经济增长轨迹研究——稳增长、高质量发展与混合经济结构优化》，《现代财经（天津财经大学学报）》2018 年第 12 期。

③ 田秋生：《高质量发展的理论内涵和实践要求》，《山东大学学报（哲学社会科学版）》2018 年第 6 期。

④ 罗小芳、卢现祥：《高质量发展中的创新组织方式转型研究》，《经济纵横》2018 年第 12 期。

个供给体系有活力、有效益、有质量，而不是单个产品和服务。[1]

许多学者注意到，高质量发展其实分层次。金碚就将高质量发展分解为宏观和微观两个层次，在微观层次质量可以理解为"产品能够满足实际需要的使用价值特性"，而在宏观层次，高质量发展则体现为经济发展的高质量，即追求一定经济质态下的更高质量目标，而这就要求在发展战略和模式选择方面具备高度创新性[2]；钞小静、薛志欣则认为经济发展质量应该从微观、中观和宏观三个层次去理解，微观上体现为产品质量，中观上体现为结构质量，宏观上体现为生产力质量。高质量发展在微观层次上体现为以技术创新为基础提升各要素的质量，中观层次体现为广义的生产结构和消费结构保持合理比例（推广至供需结构、产业结构等），宏观层次体现为以劳动效率为基础的，包括技术效率和资本效率的综合生产效率。[3]

整体来看，这些相关研究切中我国当前经济发展的要害，在理论研究及其现实应用方面做了有益探索。相关学者对高质量发展的理解大致趋同，而这些研究存在的问题是对高质量研究普遍不够深入，大多数文章无法对我国高质量发展勾画出清晰的理论边界，而更多将其分析集中于不同角度的解读。当然，这与高质量发展侧重于经济发展质量的提高，因而与之相关的因素众多，且各种因素之间的关系错综复杂有关。本文认为，高质量发展其实是侧重经济发展质量的发展，其实质是由粗放型经济增长模式向集约型经济增长

---

① 王珺：《以高质量发展推进新时代经济建设》，《南方经济》2017 年第 10 期。
② 金碚：《关于"高质量发展"的经济学研究》，《中国工业经济研究》2018 年第 4 期。
③ 钞小静、薛志欣：《新时代中国经济高质量发展的理论逻辑与实践机制》，《西北大学学报（哲学社会科学版）》2018 年第 6 期。

模式转变，在创新驱动力上则体现为由要素和投资驱动向创新驱动转变，在供给侧方面则体现为供给体系的效率人幅提升。

需要注意的是，高质量发展是个相对的概念，与之对应的是高速增长。根据全球经济发展史，持续高速增长阶段只在两种情况下出现，一是在战争或者非常规的恶性经济危机后，在经济恢复性增长时期有可能出现较长时间的高速增长，二是部分经济赶超型国家通过政府不断调控保证经济持续发展动力的情况下能够在较长时间内实现高速增长。我国的高速增长阶段显然属于后一种类型，而在这一阶段对应的经济发展模式是粗放型模式，该模式的主要特点是资源能源消耗大、产品附加值很低、环境污染较重，而其优点则突出地体现为经济发展速度快。可以看出，高速增长阶段经济发展的质量比较低，而随着我国经济步入新常态，这种过度追求经济增长的模式已经不再适应现实需要，经济需要向更加注重发展质量的模式转型。因此，高质量发展其实便是高速经济增长的一个转折及升级，前者和后者在许多特性上相对，在经济发展的内在机理方面却是继承及升级关系。

二、我国高质量发展的内在属性的比较分析

当前的相关研究中，尽管在分析问题过程时注意贴合我国经济发展的实际状况，但是大量的研究对经济规律的把握是建立在西方经济理论和对其发展实践经验总结基础之上的，没有充分注意到我国社会主义市场经济与西方经济体系的不同。应该说，不同类型的经济体在发展过程中的确会展现出共性，因而中外高质量发展具有共同规律，但是作为体制具有本质区别的两类经济体，中国高质量发展具有自己的独特性。本文在上述相关研究的基础上，结合我国经济发展和其他国家发展的经验，对中外高质量发展的共性和我国高质量发展的独特内在属性总结如下。

（一）中外高质量发展的共性

与高速经济增长阶段相比，高质量发展表现出一系列的优势，具体来说便是生产效率更高、可持续性更强、不同要素的地位发生变化。整体而言，高质量发展的共性，主要体现为市场经济体系下经济发展所表现出的共同发展特点。主要体现在如下几方面。

一是经济发展的集约化，即经济发展摆脱了"高投入、高消耗、高污染、低效益"的粗放式模式，进入以低污染、低消耗、高附加值为特点的可持续发展模式。所谓的集约，实质上是经济体系利用各种资源的综合效率大幅提升，而用马克思主义的观点来看，这就体现为单位产品的社会必要劳动时间大幅降低。

二是驱动要素的高端化，即驱动经济发展的要素由过去依靠土地（包括各种资源能源）、劳动及资本等要素，向着以创新为主要驱动要素转变，从而实现了要素的高端化。在这里，创新包括技术创新、管理创新、制度创新、业态创新等一系列领域，但是其核心因素是技术创新。经济发展的一个普遍规律是经济发展的发达程度越高，技术创新对经济增长的贡献度则越大。一方面，技术创新能够催生新的产业或者促使产业发展轨道发生重大变化，从而产生新的经济增长点，推动经济发展；另一方面，技术创新作为一个要素，能够和土地、劳动等要素有效结合，大大提高这些要素的生产效率，从而推动全员要素生产率的提高，进而对经济发展产生显著的积极影响。

三是产业结构的高级化，即进入高质量发展阶段后，产业结构升级的趋势更加明显。这表现为两个层次，在三次产业层面，农业比重继续减小，工业比重逐步降低，服务业比重相应不断增加；在产业链层次，产业布局由"微笑曲线"的底部向两端跃升，即由加工组装环节向研发和市场营销环节转移。产业结构高级化，造成的结果是供给体系供给质量实现质的提升，产品的档次、质量和附加值大幅提高，单位国内生产总值的物质消耗大幅减少。

四是增长速度的适度化，即在高质量发展阶段，经济发展的速度将比高速增长阶段有所下降，保持在适度水平。造成经济增长速度下滑的原因有几个：一是高速增长阶段我国经济总规模相对较小，随着经济规模持续扩大，相同的经济增长速度下，经济增量会增加很多，因此保持较快速度较为困难；二是与依靠不断增加各种投入维持高速的经济模式相比，高质量发展所依托的集约型经济增长方式主要依托技术创新，而这一要素的特点是其对经济发展推动作用相对柔和，但是可持续性强，这也会导致经济增长速度相对下降。当然，高质量发展阶段，经济增长速度会有所下滑，绝对不意味着经济增长速度毫不重要。实际上，在这一发展阶段，我国面临的各种挑战愈加尖锐，要充分化解各种问题，达到十九大报告提出的建设社会主义强国的目标，就必须保证经济增长保持一定的速度。从短期看，这一速度在6%到8%之间，而从长期看，其速度值可能更低。

五是各领域各方面的协调化，即高质量发展阶段，更加注重不同领域、不同方面之间的协调性，防止发生新的发展不平衡问题。这是因为我国在高速增长阶段，积累了大量的不平衡问题，对我国当前的经济发展形成显著影响，且随着这些不平衡问题逐步积累而对经济发展的边际阻碍力不断提升。这就要求在推进高质量发展进程中，必须逐步解决这些不平衡问题，从而为经济可持续发展创造条件，同时在发展进程中要防止在新的领域形成不平衡问题。

（二）我国高质量发展的特殊属性

我国的社会主义市场经济体制根植于社会主义制度，因此我国的高质量发展具有不同于西方资本主义国家的特殊属性。具体来说，包括如下几方面。

1. 注重以公有制为主体多种所有制共同发展

西方国家的高质量发展建立在资本主义私有制基础上，尽管其经济体系内也不同程度存在国有企业，但是公有制经济在其体系内不占主体地位。与之相比，公有制经济在我国经济体制内具有重要地位，特别是在关系国家安全和国民经济命脉的重要行业和关键领域中，公有制经济占据主体地位。这就决定了我国在经济发展面临艰巨挑战时，能够以国有企业社会责任的方式，促使公有制企业做出私有制企业不愿意做出的利益牺牲（例如利润损失）而促进宏观经济持续发展，从而造就了我国经济发展的独特优势。这突出体现在两方面，一是在资本主义私有制下，企业普遍倾向于顺周期操作，即在经济处于复苏和繁荣阶段加大投资，而在衰退和危机时期降低投资，这无形中加大了经济发展的周期效应。企业的这种行为模式是由企业利润最大化动机决定的，无法予以根本性改变；而国有企业却可以逆周期操作，特别是在经济陷入低迷时，可以加大投资，从而有利于企业走出经济危机。二是在高质量发展阶段，部分投资项目投资高、风险大、周期长，但是却对经济发展有重要影响，如部分重大研发项目，民营资本可能无法独立承担或者出于规避风险的需要而拒绝投资，而国有企业却可以积极参与。

另一方面，除了以国有经济为主导的公有制经济外，我们还要实现多种所有制共同发展，其中既包括公有制的另外一种形式即集体所有制经济，也包括民营经济和外资经济。集体所有制经济在我国改革开放的发展进程中，整体处于衰退趋势，但是随着我国乡村振兴战略的实施，农村集体经济具有广阔的发展空间，将对我国农村经济的高质量发展起着举足轻重的作用。同时，我们也要毫不动摇地鼓励、支持、引导非公有制经济发展，特别是民营经济的发展。私营经济对我国经济发展具有重要的作用，已成为推动我国经济增长的重要力量，而在未来，民营经济依然是我国经济发展转型的重要推动者和参与者。外资经济作为我国经济体系中的重要补充，在高质量发展阶段，由于我国不再面临资本匮乏的问题，因此在我国经济体系中的主要作用已经不再是弥补资本数量不足，但是在技术研发、市场营销、管理技术等方面，外资企业依然可以为内资企业提供有效借鉴，同时国内外企业经济合作有利于我国经济整体效率的提升。

2. 高度注重政府对经济发展的积极干预

尽管自"二战"之后凯恩斯主义普遍实施以来，西方国家普遍改变了过去自由放任的做法，政府对经济予以一定程度的干预，但是整体来说，这种干预无论范围、力度及影响都较有局限性，且随着经济周期呈现一定波动性，在经济危机时才加大政府干预力度。与之相比，我国政府对经济发展的干预，无论是广度、深度都远远超过西方，这对我国经济高质量发展产生了深远影响，并造就了我国经济发展的一个重要优势。政府对经济的干预，主要体现在两方面，一是宏观经济调控，主要通过财政、货币等措施，促进宏观经济体系平稳发展。宏观经济调控以凯恩斯主义为理论基础，由欧美国家率先实施并在实践中逐渐完善了相关政策工具。但是从其实施效果看，受到资本主义基本矛盾的影响，在实施了一段时间后，资本主义国家普遍陷入了"滞胀"的困境，在此后尽管欧美国家在经济陷入危机时还会采取凯恩斯主义措施，但是基本属于应对危机的临时性措施。我国在改革开放后逐渐探索并陆续完善的宏观调控措施，将我国社会主义的制度优势（主要体现在政府能够有效调动的资本大大高于西方资本主义国家，具有"集中力量办大事"的优势）和宏观调控的优点有效结合起来，既不会产生"滞胀"的顽疾，又能有效应对经济下滑趋势，从而能保持经济长期稳定高速发展。2009 年之后，为了应对国际金融危机对我国的影响，我国启动了一系列应对危机的措施，最终取得了远远好于世界其他地区的效果，充分表明了我国在宏观调控方面的优势。二是产业发展政策，主要通过各种相关政策促进产业按照预定的方向、以快于自由放任状态的速度快速发展。尽管国内最近一段时间以来，一直存在关于产业政策是否有效的争议，但是"二战"之后，日本和韩国的经验表明，产业政策是促进这两个国家实现对发达国家赶超和产业结构以超常规速度升级的重要因素。而我国的经济发展实践也能提供许多产业政策有效的例证，如我国的汽车产业从 20 世纪 90 年代开始起步，在短短 20 年左右的时间里，实现了从产业规模较小到产量和销售量跃居全球第一的转变，目前我国汽车的产销量已经超过了排名第二和第三的美国与日本之和，而取得这样的成就，与我国扶持汽车产业发展的产业政策息息相关。其实，产业政策能否有效，很大程度上取决于政策能否构成一个体系并根据经济实践的变化做出针对性的变动。在当前阶段，我国在产业政策方面已经具备完善的政策工具和充足的调控经验，并建立了涵盖短期、中期和长期，与财政政策、货币政策等协调一致，各政府部门联动能力强的政策体系，这对我国高质量发展起到了十分重要的作用。

整体来看，产业发展政策将有效促进我国产业以快于西方的速度完成转型，而宏观经济调控政策有利于我国以持续较快的速度实现高质量发展。当然，我国注重政府对经济的积极干预，是在尊重市场在资源配置中的决定性作用基础之上的，并没有排斥市场经济的作用。

3.注重永续性改革，不断创造体制优势

按照马克思主义基本原理，生产力决定生产关系，而生产关系反作用于生产力。随着资本主义生产方式的持续发展，"个别工厂中的社会组织和整个生产中的社会无政府状态相矛盾"的状态不断加深，导致"生产方式起来反对交换形式"①的资本主义经济危机循环

---

① 《马克思恩格斯选集》第 3 卷，人民出版社 2008 年版，第 759 页。

出现，且破坏力呈现不断增强的趋势，由 2008 年美国国际金融危机引发的全球性经济危机便是最新的一例。由于无法解决资本主义生产体系中的基本矛盾，生产关系对生产力发展构成阻碍，导致西方国家的高质量发展始终受到体制约束。

与西方资本主义国家相比，我国高度注重生产关系和生产力的协调，我们坚持的改革，本质上就是要对生产关系进行积极变革以解放和发展生产力。通过改革，能够不断破除体制机制中存在着的不适应经济发展的弊端，通过吸收人类文明的相关成果，不断完善社会主义市场经济相关体制机制，构建"系统完备、科学规范、运行有效的制度体系"①。

同时，正如习近平总书记反复强调的：改革只有进行时，没有完成时，在高质量发展时代，我们依然会加强改革，持续创造体制优势。这样的制度优势，不仅能够使我们避免周期性的经济危机，减少大量的物质损失和时间损失，还能有助于依照经济规律使经济发展少走弯路，从而降低各种"试错成本"，促进发展效率和质量的提升，从而使我国经济发展无论在速度还是质量方面都能够超过同阶段西方资本主义国家，保证我国能够尽快实现经济上的赶超。而在国际金融危机后，西方各国的制度问题越发突出，即其多党执政造成的政策不稳定、不同党派在政策实施方面越发缺少远见、不同阶层的民众利益存在着尖锐对立进而引发极端领导人上台等，已经对其经济发展造成越来越严重的阻碍，生产关系越来越不能适应生

---

① 习近平：《决胜全面建成小康社会　夺取新时代中国特色社会主义伟大胜利——在中国共产党第十九次全国代表大会上的报告（2017 年 10 月 18 日）》，《人民日报》2017 年 10 月 28 日第 1 版。

产关系的发展。在这种情况下，我国通过不断改革创造的体制优势，效果将更加显著。

4. 注重构建开放新格局的共享性

开放带来进步，封闭必然落后，在高质量发展阶段，构建开放新格局对经济发展至关重要。尽管西方资本主义国家也非常注重开放，并在全球经济一体化进程中一直起着主导作用，但是我国和西方国家在开放的动机上有着本质不同。西方发达国家对外开放是基于纯粹的利己动机。在早期，开放主要是为了谋求国外市场和原材料供应，以便满足其资本主义生产方式的扩大化，谋取更大的利润，在此期间，为了达到目的不惜通过发动战争、出口鸦片、建立殖民地等方式保证自身利益；"二战"之后，赤裸裸的殖民主义已经不再适合形势需要，转而采取强化与发展中国家垂直分工的方式，保证自己在贸易分工中处于有利地位，而不顾其他国家的利益。

与之相比，我国在构建开放新格局进程中，高度注重加强人类命运共同体建设，强调共享性。第一，在"一带一路"倡议中，我们高度重视沿线发展中国家的发展，将对方的发展视作自身的利益。这突出体现为我国对部分国家与地区的援助和投资，特别是在非洲等不发达地区，帮助这些国家加强基础设施建设，从而提高当地群众的生活质量并为未来经济发展打牢基础。而这些地区，由于经济落后，对其加强开放对谋求自身利益意义不大，因此西方各国都是对加强与这些地区的联系兴趣不大。第二，中国为了全球的共同利益，在部分领域做出了巨大牺牲，表现出了真正的责任担当。这一点突出体现在全球环境问题上，我国作为发展中国家，减少碳排放对经济发展的影响很大，但是我国依然愿意承担其相应的国家责任，在 2015 年巴黎气候变化大会上，习近平主席宣布在 2030 年达到碳排放峰值，同期单位国内生产总值的二氧化碳排放量降低 60%~70%。而要达到这个目标，我国将在经济发展方面做出很大牺牲。第三，我国独立自主的和平外交政策，尊重各国人民对自身发展道路的选择，能够真正有利于各国打造命运共同体。西方国家在开放过程中，为了自身利益，频繁干预他国内政，以便在这些国家培植符合其需要的力量，甚至不惜直接发动战争，这样的开放必然不利于各国的发展。而我国在开放过程中，尊重各国的社会制度，真诚地以促进双方经贸发展、增加彼此福利作为目的展开对外合作，这样的方式显然更加有利于各国在社会稳定基础上实现经济发展，真正使各国共享全球经济发展的成果。

5. 注重以马克思主义的思维方式和方法处理改革发展稳定的关系

以辩证唯物主义和历史唯物主义世界观和方法论，正确处理改革发展稳定关系是改革开放 40 周年我国社会主义建设的重要经验，也是我国高质量发展的重要属性[①]。改革发展稳定的关系，对高质量发展具有举足轻重的作用，如果不能处理好三者的关系，则很容易陷入困境。这一点对部分政治框架不成熟、经济制度不完善的发展中国家更是如此，因为无法处理好改革发展稳定的关系，导致经济发展停滞和社会动荡，部分国家还陷入国家分裂或者战争状态。而即便是经济发展程度高、各项体制建设较为完善的西欧国家，同样

---

① 习近平：《在庆祝改革开放 40 周年大会上的讲话（2018 年 12 月 18 日）》，《人民日报》2018 年 12 月 19 日第 2 版。

因囿于资本主义政治经济体制框架的约束，在改革发展稳定的关系处理上出现了顾此失彼的状况，从而导致经济政治体制陷入发展困境。例如，法国作为全球主要经济强国，现在就面临着高福利政策下，增进民众福利和促进经济发展之间的两难选择，要增进民众福利就必须增加相应支出，并需要增加税收以免恶化本已高企的政府债务，而这会对经济增长不利；反之，要促进经济增长，就应增加政府对基础设施投资等方面的投资，并采取减税等措施以增强经济活力，而这必然会影响到社会福利，并可能对社会稳定造成突出影响。2018 年 11 月在法国发生的"黄背心"运动，便是这一问题的反映，而其根源在于在西方政治框架下，选举体制使各届政府面临选举的压力，而无法以全局性视角处理好改革发展稳定的关系。反观我国在中国共产党的领导下，在社会主义体制框架内，能够运用马克思主义的思维方式和方法，妥善处理高质量发展进程中的各种问题和矛盾，使得改革发展稳定的关系始终处于良性状态，这一点是西方资本主义国家无法比拟的。

第三章

当前阶段的经济发展任务：建立现代化经济体系

可以预期，新常态将是一个持续时间较长的经济发展状态。习近平总书记在十九大报告中指出："我国经济已由高速增长阶段转向高质量发展阶段，正处在转变发展方式、优化经济结构、转换增长动力的攻关期，建设现代化经济体系是跨越关口的迫切要求和我国发展的战略目标。"这可以理解为在步入新常态后，我国经济发展需要完成的首要的发展任务，也是当前阶段我国经济发展需要全力以赴予以实现的战略目标。本章就对此问题进行分析。

第一节　加快建设创新型国家

随着我国经济步入新常态，技术创新在推动经济增长方面的作用更加突出。党的十九大报告提出要加快建设创新型国家，要实现这一目标，就必须不断提升我国自主技术创新能力，真正全面实现我国在产业核心技术方面的突破。但是，从当前阶段我国技术创新的具体情况来看，尽管与过去相比，我国在技术创新方面取得了明显进步，但是还远未改变技术创新能力落后的局面。因此，我们必须依据技术创新方面存在的问题与原因，采取针对性措施，以便推动自主技术创新能力的提升。

一、我国技术创新的现状

我国技术创新经过多年的发展，在一些方面已经取得明显进步，但是在核心技术的突破等方面依然没有取得全面的实质性进展。具体来说，包括如下几方面。

（一）各项投入迅速增加，但是整体规模尚显不足

进入 21 世纪以来，在相关政策的推动下，我国在技术创新方面的投入持续增加，在投入方面和发达国家的差距迅速缩小，部分指标已经达到发达国家水平，摆脱了以前研发投入严重不足的局面。但是在整体规模方面，与美国相比，部分指标依然有一定的差距。

从具体的指标来看，我国研发人员全时当量由 2001 年的 95.7 万人年，提高到 2017 年的 403.4 万人年，15 年时间内提高了 3.22 倍，年均增长率达到 9.4%；研发经费支出从 2001 年的 1042.5 亿元提高到 2017 年的 17606.1 亿元，名义上提高了 15.89 倍，年均名义增长率高达 19.3%。从我国研发经费支出与国内生产总值比例看，这一指标逐年攀升，从 2001 年的 0.95% 提高到 2017 年的 2.13%，16 年时间提高了 1.18 个百分点。[1]

从研发投入的国际比较看，随着研发经费投入不断增大，与发达国家的差距不断缩小，但是与美国相比，部分数据差距依然较大。2010 年到 2013 年，我国研发经费投入从 1035 亿美元提高到 1839 亿美元，已经超过德国和日本。但是和美国差距比较大，2012 年美国研发经费支出达到 4376 亿美元，是我国同期的 2.79 倍，2013 年

---

[1] 此处数据来源于《中国统计年鉴》（历年）。

按照 2012 年研发经费占 GDP 比重 2.79% 的数据计算，其研发经费达到 4687 亿元，依然是我国的 2.55 倍，尽管差距有所缩小，但是随着我国相关投入增速的降低，要达到美国的水平，依然需要较长的时间。① 从研发经费占 GDP 比重指标上看，我国已经超过了英国，但是与美国、日本、德国和韩国等国家相比，差距依然较大。

（二）创新产出迅速提高，但是产出质量依然较低

专利授权量能够反映一段时间内创新产出的数量和水平。我国的专利授权量从数量到质量均比之前有所提升。从数量上看，我国专利授权量从 2001 年的 114251 件提高到 2017 年的 1836434 件，16 年时间提高了 15.1 倍，年均增长率高达 19.0%，接近同期研发经费的名义增长率。整体来说，我国专利数量增长率是非常高的，2011 年我国专利申请量超越美国，成为世界第一，并一直将这一地位保持至今，且在此指标上，存在着不断拉大与美国差距的趋势。

从我国专利授权量的内部结构变动情况看，呈现出结构逐步优化的趋势。其中，发明作为专利中最富技术含量的类型，其比重的高低能够在较大程度上反映专利的质量。2001 年到 2017 年 16 年间，我国发明专利比重从 14.3% 提高到 22.9%，增加了 8.6 个百分点，表明专利整体质量有所提升。而从不同专利的国内国外比重来看，发明专利的国内比重明显提升，由 2001 年的 33.1% 提升到 2017 年的 77.8%，表明我国国内企业在发明专利的主导性上显著提高，在一定程度上说明我国自主技术创新能力比之前有所提高。但是，应

①此处的数据来源于《中国科技统计年鉴》（历年）。

该看到，尽管我国创新产出质量比之前有所提升，而从整体来看，其水平还比较低。例如，尽管我国发明专利比重有所提升，但是占三种专利的比重仍然只在1/5左右，这与发达国家相比，差距依然非常大。

（三）技术创新部分领域达到或者接近世界水平，但是整体技术创新能力尚未取得质的突破

经过多年的技术赶超，我国技术创新能力不断提高，与发达国家的差距有减小，部分领域的技术创新能力已经达到世界水平。例如，在高铁产业方面，我国经过短时期多单位的联合研发，先后突破了一系列技术难题，目前在该领域内已经达到技术领先水平；在通信领域，我国有的企业通过多年的坚持，技术创新能力已经达到世界水平，其竞争力正不断提升。同时，在基础研究领域，我国也打破了多年落后于人的局面，在生物、物理等方面取得研究突破，有的研究已经达到世界先进水平。而女科学家屠呦呦获得诺贝尔医学奖，则表明中国在科学技术方面的成就已经受到世界的瞩目。

应该说，我国当前已经由单纯的技术赶超、全面技术落后的局面向部分领跑、部分并进、部分跟跑的局面转变。但是，整体来说，我国在技术创新方面依然处于技术跟随者的角色，在核心技术方面取得突破的产业依然较少，在大量的产业技术领域，我国依然没有获得突破，技术受制于人的局面没有真正改变。例如，尽管我国汽车产业发展迅猛，技术创新方面也取得蓬勃发展，但是我国自主品牌企业在发动机高压共轨、涡轮增压等关键技术方面依然落后，多

数企业没有掌握相关技术^①，整体技术能力与国外企业差距还很大。因此，总体而言，我国整体技术水平和发达国家依然有较大差距，同时受到国外企业通过专利池等对发展中国家技术创新能力进行"围剿"、核心技术突破难度较大等因素的影响，我国要全面取得核心技术突破，实现技术创新的全面领跑，尚需较长时间。

二、造成我国技术创新依然落后的原因分析

我国自主技术创新能力虽然比之前快速提高，但是与发达国家相比，还存在很大的差距。造成这一现象的原因主要包括如下几方面。

（一）创新积累较为薄弱，单个企业或项目研发投入过低

一个国家或者企业现在的技术创新能力，来源于过去很长时间它在研发方面投入所产生的各项技术、知识的积累，且创新存在投入产出周期较长的特点，现在的大规模投入很难在短期就产生相同规模的产出。所以，我们最近几年产出的快速增长，并不能迅速缩小与发达国家的差距。

从过去连续的研发投入积累来看，我国研发投入虽然增速快，与多数发达国家的差距迅速缩小，甚至对多数国家实现反超，但是过去的研发积累并不高，而研发投入不断累积有利于形成巨量技术积累。发达国家在过去较长时间内积累了巨大的技术优势，借助专利等知识产权制度，通过构建专利池等方式，已经成功构筑了维护自身创新优势的"防火墙"，我国实现技术突破的难度不断加大。据

---

① 张宗法：《我国车用发动机技术现状分析及发展对策》，《小型内燃机与摩托车》2013 年第 1 期。

统计，截至 2012 年我国发明专利累计数量为 111 万件左右，而美国仅在 1986 年到 2010 年的 25 年间，累计的授权发明专利数量就达到 327.9 件，是我国的 3 倍左右。[①]

另一方面，研发投入对创新效率的作用，不仅要考虑投入的绝对额，更要考虑单个企业或项目的投入强度。有研究表明，2004—2011 年间，我国规模以上工业企业平均每个研发项目经费支出在 2011 年仅为 217.6 万元，同时单个项目绝对投入额增长率很低，7 年间仅增长了 26.7%。[②]单个项目如此低的投入额，在很大程度上意味着技术创新投资极其分散，根本无法对技术创新形成有效支撑，更无法为我国企业大面积突破核心技术创新瓶颈提供支持。

（二）研发经费投入结构不合理，对技术创新不利

从研发经费投入的角度看，我国研发经费投入结构十分不合理，体现为突出的重后端环节而轻研发经费的倾向。一般来说，要使技术创新保持良好的状态，研发经费之处的结构应该保持合理比例，在基础研究、应用研究和试验发展三个环节上的投入应该维持合适比例。但是，从我国的情况来看，研发经费结构具有明显的基础研究和应用研究比重低，试验发展比重特别高的特点。2017 年，我国基础研究、应用研究和试验发展的经费支出分别是 822.9 亿元、1610.5 亿元、13243.4 亿元，三者占研发经费总支出的比重依次为 5.54%、10.50% 和 83.96%。与其他国家相比，这一结构明显处于较低水平。例如，2016 年美国三大研发活动比重依次为 16.9%、

---

① 刘中显：《中国产业转型：理论与实践》，中国市场出版社 2013 年版，第 14-15 页。
② 同上，第 17 页。

19.7% 和 63.4%，而同期我国的比重则为 5.2%、10.3% 和 84.5%。由于美国是全球技术创新能力最突出、技术创新活动最活跃的国家，其三个环节经费支出的比重在很大程度上可以代表这三个环节的合理结构，因此，由我国和美国的差距可以看出，我国研发经费支出极为不合理，存在着十分突出的短期效应。由于现期的技术创新投入会对后续若干年的技术创新产出产生显著影响，这样的投入结构，将对我国未来在基础研究领域的研发突破造成极为不利的影响。

（三）市场竞争结构较为扭曲，影响技术创新

市场竞争结构对技术创新的动力和能力均有较大影响，过分竞争和过分垄断的市场结构对技术创新均不利。政治经济学家熊彼特就认为，只有垄断企业才有能力进行技术创新活动，承受创新活动的相关风险，而在完全竞争的条件下，企业根本不具备这种能力。当然，熊彼特论述这种理论时，是在完全垄断和完全竞争两个极端情况中选择，而未从更接近现实的垄断竞争和寡头垄断的市场结构进行分析。[①]需要考虑的另外一个问题是，如果企业长期处于垄断地位，那么无须进行任何创新活动，就能够获取足够的超额利润，企业没有动力去进行创新，因此，过于垄断的结构对创新也不利。综合考虑两种情况，适度的、不稳定的垄断可能对技术创新是最有利的。垄断地位将保证创新企业获得超额的利润，这成为过去创新行为的奖励，同时又可以为未来创新的投入提供保证；而不稳定的垄断地位将使垄断企业时时保持危机感，保持较强的技术创新动力，

---

① 盛锁、杨建君等：《市场结构与技术创新理论研究综述》，《科学学与科学技术管理》2006 年第 3 期。

而竞争者也会因为有望打破对手垄断地位，加强技术创新投入。这样，整个产业的技术创新活动将特别活跃，技术进步也会加速。

比对这一状态，我国在技术创新方面的市场竞争结构有待改进。一方面，我国部分行业存在竞争过度的状况，企业之间依靠低成本来争夺市场的状况尚未发生根本性改变，激烈的竞争减少了企业利润，使企业无法投入充足的资金用于技术创新，阻碍了技术创新的发展；另一方面，部分行业已经过早形成了少数大企业寡头垄断的局面，过高的垄断性使这些企业缺乏足够的创新动力。这就需要我们从政府—市场关系入手，通过政府和市场两方面的改革来解决这一问题，但是相关改革进度未跟上。例如，对垄断行业的改革问题，迟迟未取得突破性进展，这一状况不利于整个行业的技术创新。

（四）创新外部环境尚不完善，制约了技术创新

我国技术创新的外部环境尚有许多不足之处，对技术创新的支持力度不足，在客观上阻碍了技术创新的发展。具体体现在如下方面。

一是知识产权保护环境比以前有明显进步，但仍需进一步完善。我国技术创新尚处于追赶阶段，企业创新意识和动力还不强，在技术创新方面趋向于模仿的风气依然十分浓厚。在这种环境下，特别需要加强知识保护来激发企业创新动力，否则企业宁愿选择去模仿，也不愿从事投入高、风险大的创新活动。近几年来，我国加大知识产权保护力度，技术创新环境大有改善，但是与未来技术创新的发展需要相比，还存在许多不足，依然需要继续加强保护力度，以便真正提升企业创新的动力。

二是创新文化尚未完全形成。创新需要一个适度的文化氛围去

支持，如鼓励人们"敢为人先"的精神、宽容失败的社会文化心理等。而我国属于受儒家文化影响的地区，人们在创新方面相对保守，鼓励人们大胆尝试的文化环境有待进一步完善；另一方面，随着市场经济的发展，以结果来衡量成败的偏颇财富文化在很大程度上影响人们的行为，宽容失败的舆论、社会心理氛围还没真正形成。另外，创新要成功，既需要人们拥有敢于进行创业、将创新转化成商业利益的勇气和行动能力，也需要在高校和研究部门形成踏踏实实、不浮躁的研究文化，以便逐步形成知识和研究积累。这一系列问题，已经超出了经济领域，仅凭政府调控和政策鼓励也无法完全解决好，而需要全社会的共同努力。

三、当前阶段提升我国技术创新能力的建议

根据以上分析，我们提出如下政策性建议。

（一）积极完善当前的产业政策和技术创新政策体系

应根据我国当前产业政策和技术政策分散、庞杂的状况，在积极理顺相关政策体系的基础上，根据我国经济发展的实际状况和未来发展的需要，以促进核心竞争力的真实提高为目标，改进我国的产业政策和技术创新政策体系，特别是改变注重产业规模扩张的状况。要注重用系统性的眼光，看待各项政策的全面效果，尽量避免各项政策的短视性，同时不断提高各项政策的精准性。例如，我们一直优先扶持的大企业，应全面评估其对产业竞争力和技术创新能力的真正影响，在此基础上，决定是否继续采用这一大企业优先扶持政策。

（二）继续加强高校和科研机构改革，提升产学研合作水平

一方面，应继续改革高校和科研机构的体制。在研发项目设立

方面，不断加强与企业或其他组织的合作与沟通，尽量提高研发项目的市场化水平；在研发资金来源方面，不断鼓励这些机构加强与企业合作获取资金支持，这不但可以减少对国家资金的依赖度，还能提升与企业合作的水平；在人员管理方面，放松对本单位研发人员与企业合作的管制，并提升其与外部企业合作收益的个人分享比例，鼓励他们不断加强与外部企业合作。

另一方面，也要防止矫枉过正，要保持高校和科研机构在基础研究方面的独立性，不能因为过于商业化的气氛影响这些机构正常的研发秩序，对于较难产生商业价值但是对本学科发展具有重大意义的研发，也要积极支持。

（三）创造良好的创新支持环境

首先，继续加强知识产权保护工作，不断提高知识产权保护水平。根据当前知识产权保护形势变好和专利复杂性提升的状况，积极寻求合适的解决方式，持续加大对侵权行为的打击力度，增加侵权成本，保护创新者合法利益，提升创新行为的预期收益，鼓励更多企业或个人进行创新。

其次，结合工匠精神的培育，强化"技术创新＋工匠精神"模式。整体而言，我国当前技术创新存在较为突出的粗放化问题，技术创新氛围较为浮躁。在这种情况下，我们必须引进工匠精神，作为黏合剂，实现技术创新能力的提高。一方面，应该培育研发人员的工匠精神，使他们更加专注于自身研发工作，注重通过不断积累，最终研发出创新成果。另一方面，在企业层面，应培育注重工匠精神的企业文化，在技术创新方面注重长期效应，而不过分追求短期成效，真正将技术创新作为一项长期战略予以执行。只有如此，才能真正提高企业技术创新能力。①

第二节 完善社会主义市场经济体制

加快完善社会主义市场经济体制是我国今后经济建设的一个重要内容。根据十九大报告的相关论述，笔者认为要做到这一点，应该从如下几方面着手。

一、继续壮大国有经济体系

国有经济在我国经济发展中占据重要地位，在经济步入新常态后，要完善社会主义市场经济体制，就需要不断完善国有经济体制，壮大国有经济体系，实现十九大报告提出的"促进国有资产保值增值，推动国有资本做强做优做大，有效防止国有资产流失"的要求。

要大力发展混合所有制改革。党的十八届三中全会通过的《中共中央关于全面深化改革若干重大问题的决定》提出了要积极发展"国有资本、集体资本、非公有资本等交叉持股、相互融合的混合所有制经济"，推动混合所有制改革。党的十九大报告提出要"深化国有企业改革，发展混合所有制经济"，继续将混合所有制改革作为重要措施予以强调。

混合所有制改革是经济步入新常态后我国国有企业改革的重要措施。从国有企业改革的历程来看，相关改革基本实现了国有企业不断保值增值、控制国民经济体系命脉的目标，摆脱了之前国有经

---

① 曾宪奎：《工匠精神与我国制造业竞争力提高》，《学术探索》2017 年第 8 期。

济竞争力弱、面临大面积经营困难的境地，同时经济步入新常态后，国有企业运营的整体效果稳步提升。据统计，2016 年 1 月到 12 月，国有企业营业总收入 458978 亿元，比 2012 年提高了 8.3%，而到 2017 年这一指标继续攀升，仅 1 月到 11 月就达到 467397.6 亿元，超过了 2016 年全年的收入，比同期提高了 14.5%[①]；截至 2017 年 11 月，国有企业总资产达到 1518300.3 亿元[②]，比之前有了大幅提升，例如 2011 年年底全国国有企业资产总额为 85.37 万亿元[③]，2013 年为 104.1 万亿元[④]。从国有企业规模的情况看，2017 年我国入围世界 500 强的企业达到 115 家，占所有企业的比重达到 23.0%，接近 1/4；从所有制情况看，国有企业在其中占据了重要位置，仅仅有国资委管辖的中央企业就达到 48 家，占所有中国入围企业的 41.7%，另有 18 家地方国有企业入围，所有国有企业累计达到 66 家，占中国入围企业的 57.4%。而从国有企业具体排名情况看，整体来说，也是国有企业排名靠前，其中在全球 500 强的前 5 名中，中国企业占了 3 家，均为中央企业，分别是排行前五的世界公司中，中国公司就占了 3 家：国家电网公司、中国石油化工集团公司、中国石油

---

① 数据来源：《2016 年 1-12 月全国国有及国有控股企业经济运行情况》，http://zcgls.mof.gov.cn/zhengwuxinxi/qiyeyunxingdongtai/201701/t20170125_2527815.html；《2012 年 1-12 月全国国有及国有控股企业经济运行情况》，http://zcgls.mof.gov.cn/zhengwuxinxi/qiyeyunxingdongtai/201301/t20130118_728936.html；《2017 年 1-11 月全国国有及国有控股企业经济运行情况》，http://www.mof.gov.cn/mofhome/qiyesi/zhengwuxinxi/qiyeyunxingdongtai/201712/t20171222_2786738.html。
②《2017 年 1-11 月全国国有及国有控股企业经济运行情况》，http://www.mof.gov.cn/mofhome/qiyesi/zhengwuxinxi/qiyeyunxingdongtai/201712/t20171222_2786738.html。
③《截至 2011 年底全国国有企业资产总额达 85.37 万亿》，http://money.163.com/12/1024/19/8EJRIJ3B00253B0H.html。
④《财政部：2013 年全国国企资产总额 104.1 万亿元》，http://politics.people.com.cn/n/2014/0729/c70731-25362962.html。

天然气集团公司，其中国家电网高居第 2 位。[①]

　　但是，相对于国有企业保值增值、规模扩张方面所取得的成效，国有企业在有些方面依然有待加强。一方面，尽管国有企业在保值增值和企业规模等指标方面取得了突出的成绩，但是整体来说，国有企业在运营效率方面依然有较大的提升空间。一直以来，国有企业改革的一个重要目标便是提升运营效率，只有如此，才能真正使国有企业的竞争力得到大幅提升，更好地体现其对国民经济的带动作用。然而，从目前的发展情况来看，国有企业的运营效率依然不令人满意，部分企业运营效率低的情况还比较突出。例如，我国通信服务一直存在价格高、服务质量低的情况，具体体现为网络慢而收费高，性价比在全球处于最低的行列。[②]从理论上说，造成这一状况的原因在于国有企业在保值增值方面取得突出成就很大程度上来源于自身在市场结构方面所处的独特优势，但是其供给效率和竞争力并没有达到很高的程度。这一点从 2017 年世界品牌 500 强的状况就能看出端倪，与入围全球企业 500 强达到 115 家的情况相比，入围前者的企业仅为 37 个[③]，这在很大程度上能够看出中国企业存在"大而不强"的问题，而国企在这一点上表现得尤为突出。因此，要做到国有资本又大又强又优，就要继续对国有企业进行改革。另一方面，随着经济步入新常态，经济发展的特征和任务发生了很大变

① 《世界 500 强央企占 48 席 中国上榜公司总数逐年逼近美国》，《法制晚报》2017 年 7 月 23 日第 8 版。
② 《各国网费网速比拼——中国还不如越南》，http://business.sohu.com/20150428/n412095999.shtml。
③ 《2017〈世界品牌 500 强〉出炉 中国 37 个品牌入榜》，http://www.cneo.com.cn/article-48568-1.html。

化，创新将逐渐取代要素和投资成为驱动经济发展的主动力。但是，由于国内的民营企业存在规模小、资金实力弱等问题，部分企业在转型时期陷入经营困境而根本没有能力进行科研活动，或者部分企业虽然具有进行小规模技术创新活动的能力，但是由于创新风险大，无法承受巨大的创新风险而不具备创新的动力，这些因素在很大程度上阻碍了我国技术创新的发展。在这种情况下，就需要国有企业以更为积极的态度参与创新型国家建设，以企业社会责任的姿态做好表率，特别是涉及多家企业甚至整个乃至若干行业的共性技术方面，要做出更大贡献。

实际上，这两方面其实涉及国有企业的两个特性，即企业性和公益性，前者要求国有企业作为企业需要盈利，通过经营活动不断壮大自身；后者则是国有企业特有的特征，即国有企业除了具备普通企业特征之外，还要承担民营企业不承担的社会责任，体现为人民服务的宗旨，这一点在很大程度上要求企业为了公共利益牺牲自身利益。一直以来，国有企业的这两个特性存在矛盾，而通过混合所有制可以在一定程度上予以协调。首先，混合所有制能够融合不同制度的优点，形成"采众家之长"的独特制度优势。相对而言，公有制更有利于体现人民利益，保证人民的各种利益；非公有制的企业经营效率较为突出、责任清晰，但是企业社会责任感低；混合所有制则位于二者之间。通过合理的制度设计，就能充分融合这些不同体制之间的优势，使国有企业既能体现其公益性，又能大幅提升其作为企业的运营效率，有利于国有企业做大做强做优。其次，通过混合所有制，能够有效吸纳社会各种资本，在保持国有控股的前提下，能够有效扩大国有资本的控制力，有利于国有企业的保值增值和对经济的影响力。

二、构建科学的政府—市场关系

习近平总书记在党的十九大报告提出"中国特色社会主义进入了新时代，这是我国发展新的历史方位"，[①]在这个新时代，尽管许多问题发生了变化，但是正如十八届三中全会会议公报所指出的"经济体制改革是全面深化改革的重点，核心问题是处理好政府与市场的关系"[②]，如何摆正市场与政府在资源配置中的关系，更好地发挥二者的优势，依然是未来我国经济发展中需要解决的关键问题。特别是在我国经济发展步入新常态、新发展理念成为指导理念、供给侧改革成为工作主线的背景下，构建十九大报告提出的"市场机制有效、微观主体有活力、宏观调控有度的经济体制"，成为处理政府与市场关系的主要目标。

（一）形成政府与市场新格局的经济背景与原则

1992 年党的十四大提出"建立社会主义市场经济体制"，经过 20 余年的改革发展，我国已经建立起在资源配置中，市场调节起决定性作用、市场调节与政府调控有机结合的模式，对我国长期的高速度发展形成了有力支撑。但是，随着经济和社会形势的不断发展变迁，特别是在我国经济步入新常态、中国社会主义建设进入新时代的情况下，政府与市场关系逐渐发生新的变化。在这种背景下，

---

① 习近平：《决胜全面建成小康社会　夺取新时代中国特色社会主义伟大胜利——在中国共产党第十九次全国代表大会上的报告（2017 年 10 月 18 日）》，《人民日报》2017 年 10 月 28 日第 1 版。
②《中共十八届三中全会在京举行》，《人民日报》2013 年 11 月 13 日第 1 版。

进一步处理好政府与市场的关系，就成为推动我国经济长期快速发展的迫切需求，也是进一步完善社会主义市场经济、建设现代化经济体系的需要。

1．市场在资源配置中的决定性作用有待进一步加强

虽然市场调节手段已经成为我国调控资源的基础性方式，但是在现实中，政府在以各种方式对经济产生影响，其中很多本应交给市场规律去调节的领域，政府如过度干预，就会在很大程度上扭曲市场规律，对经济运营效率产生负面影响。主要体现在如下几方面。

（1）产业政策大力推动某些产业或者某些领域发展，却难以达到预期效果

为了促进产业结构升级和幼稚产业发展，国家采取了一系列措施，大力扶持部分产业特别是高新技术产业的发展。然而，在某种程度上，造成的结果是，这些产业规模迅速扩张，却没有带动技术创新能力同步提高，部分产业还面临产能严重过剩的问题，核心技术还依赖于引进。例如，前几年在战略性新兴产业政策的催生下，部分新兴产业如光伏、风力发电装备制造业得到迅猛发展，产业规模迅速扩张，结果出现了在产业成长及相关技术均未达到成熟的情况下，产能却大幅过剩的状况。当然随着大量企业的倒闭及相关产业市场的发展，这些行业产能过剩的状况出现了好转，但是产能过剩的潜在风险依然没有被完全排除。造成这一问题的原因便是在相关政策出台后，各地纷纷上马相关项目，造成新兴产业短期大规模扩张，但是短期内技术并未取得明显进步，多数产业的核心技术并不为我国企业所掌握。这就造成了"规模扩张迅速＋技术进步相对

缓慢"的矛盾状况，最终导致了高端产业低端化发展的问题，而造成这一问题的直接原因便是相关政策刺激。

另一方面，在某些领域，如技术创新领域，政府持续出台刺激政策，却产生了各种扭曲效应，最为突出的政策就是对研发投入进行补贴，这一政策本意在于通过不断加大对企业研发补贴，引导企业将研发资源投入关键技术、核心技术领域，进而提升产业竞争力，但是在实践中，这些激烈措施往往难以达到本意，甚至会刺激一些企业通过作假等方式骗取补贴的行为。[①]造成这一问题的主要原因在于企业加大研发投入的决定是建立在多重因素的权衡基础之上的，在技术创新选择不是理性选择的时候，过度的刺激政策并不一定能改变企业的决定，反而会诱发企业套取政策优惠的行为。

（2）宏观调控方面，经济调控对于经济运行干预如果力度过大，会在很大程度上扭曲宏观经济运行规律

当经济发展面临外部威胁或者微观经济主体投资等行为出现下降趋势，影响到经济发展的时候，为了保持经济平稳快速增长，政府都倾向于采取财政、货币等政策，对经济运行进行干预。宏观调控对于经济发展具有合理性，但是如果过于频繁、力度过大地干预经济运行，实质上是破坏了宏观经济运行规律，对经济长期健康发展不利。

一是国家宏观调控的手段，对于优胜劣汰的市场经济规律发挥作用也会产生不利影响，影响依靠市场规律实现产业结构升级的路

---

① 曾宪奎：《我国技术创新的粗放化问题研究》，《福建论坛（人文社会科学版）》2017年第3期。

径。例如，国际金融危机爆发以来，我国出台了一系列的调控政策，"普惠性"地对企业经营予以扶持，其结果是导致一些本该被淘汰出局的企业生存下来。而产业结构升级，在很大程度上就是依托这一市场规律得以缓慢实现的。

二是对国家调控，过分依赖于投资，加大了经济发展的许多矛盾。加大公共投资，很长时间以来都是我国拉动经济增长的重要方式，其不利方面就在于我国经济发展对于投资过分倚重，而本该成为拉动经济增长主要动力的消费则在很长时间内处于快速下降的局面。整体来看，十八大以来，这一情况有所缓解，但是还没得到完全解决。

2. 政府对经济的管理职能有待进一步加强

市场机制本身具有缺陷，对于一些领域内的问题市场机制无能为力，这就是所谓的市场失灵。在这些领域，本应由政府采取相关措施，进行调控管理。但是在经济实践中，我国在很多领域同时存在市场失灵与政府缺位，造成政府和市场对经济资源配置的优势均发挥不出来。

（1）政府在市场机制无法起作用的环节管理机制失位，会影响正常的竞争秩序

一方面，对于许多本该由政府管辖的领域，如行业发展标准、特殊产品标准制定，及相关法规的监督执行方面，都存在不到位的情况。例如，目前引人关注的食品安全问题，很大程度上就与缺乏详细行业标准及法规执行力不足有关。在客观上，这会产生劣币驱逐良币效应，不利于形成良好的市场秩序。

另一方面，对于由于市场机制所产生的市场垄断状况，市场机制本身对其无能为力，需要政府立法和管理。但是，我国缺乏一部内容详细、可操作性强的反垄断法规。在客观上，不能保护小企业免受垄断企业的非法侵害，对于合理的市场竞争秩序造成严重侵害。

（2）政府在本应由政府管理且对市场经济正常运行具有重要支持作用的领域缺位，不利于市场经济秩序的运行

社会主义市场经济中，政府的经济职能可以归结为经济调节、市场监管、社会管理和公共服务四大职能。[1]但是，目前很多在政府职能范围内、对市场经济发展具有重要作用的领域，一定程度上存在政府缺位。例如，在社会福利领域，政府在公共卫生、养老等领域，尚未充分发挥应有的作用。另外，对于部分领域，需要政府和市场合作，才能真正推动，而政府在这方面的缺位，会产生重要影响。例如，当前制约我国工业发展的一个重要因素便是工匠精神的缺乏，而事实上，造成这一问题的原因是非常复杂的，简单依靠政府或者市场都很难真正解决，真正的解决办法在于一方面需要将工匠精神深深嵌入企业文化，另一方面还需要建立适应工匠精神的社会文化。[2]

（二）政府职能的转变

在政府与市场的关系中，如何发挥好政府的职能是一个重要问题，这已经过很长时间的讨论。习近平总书记在十八届二中全会第二次全体会议上明确指出："转变政府职能是深化行政体制改革的核

---

① 乔惠波：《经济体制改革的核心是正确处理政府与市场的关系》，《前线》2013 年第 8 期。
② 曾宪奎：《工匠精神与我国制造业竞争力的提高问题研究》，《学术探索》2017 年第 8 期。

心，实质上要解决的是政府应该做什么、不应该做什么，重点是政府、市场、社会的关系，即哪些事该由市场、社会、政府各自分担，哪些事应该由三者共同承担。"①关于政府职能转变问题，在学术界其实存在对立观点：一种观点认为，市场体制可以通过"看不见的手"，对整个经济体系进行有效调整，即使短期内会出现一些问题，但是在长期内，这些问题也会得到彻底解决或者部分解决。相比而言，政府调控对整个经济运行，只会起到干扰作用，从长久来说，得不偿失。市场经济无法解决的"市场失灵问题"，政府调控也无能为力。这种观点是极端的新自由主义观点。另一种针锋相对的观点则认为，政府调控不但可以有效地弥补市场失灵，还能够发挥更大的作用，政府调控将有利于我国的快速发展，完全没必要对政府调控过分担心。其实，在这个问题上，我们必须在新时代中国特色社会主义的框架下，发挥市场的决定性作用，同时不断推进国家治理体系现代化，实现政府职能转变。

理顺政府和市场的关系，最重要的就是要摆正政府的位置。政府的位置能否摆正好，很大程度上决定了市场作用的发挥。政府职能的转变，必须坚持有所为，有所不为，应该由市场调节的环节和领域交还给市场，而需要由政府负责的职能则必须发挥好。从目前的情况来看，可以从如下方面做好。

1. 以简政放权为突破，政府逐步退出对微观领域的过度干预

简政放权，其实质是政府向社会、向企业放权，主要体现在减

---

① 《十八届二中全会举行中央政治局主持会议　习近平作重要讲话》，《人民日报》2013年3月1日第1版。

少行政审批，从而减少政府对企业的干预，为企业恢复活力创造空间。[1]十八届三中全会通过的《决定》中就强调"深化行政审批制度改革，最大限度减少中央政府对微观事务的管理，市场机制能有效调节的经济活动，一律取消审批"。[2]而在十九大报告中，也对简政放权继续提出了新要求，要求"转变政府职能，深化简政放权"[3]，这就要求我们继续完善简政放权，使其更到位。实际上，自从十八大以来，政府一直在简政放权方面下足力气，经过几年的改革，我国在简政放权放管结合方面的相关改革取得明显成效，有效减少了企业及其他组织和个人的负担。但是简政放权，在很大程度上是政府自身的"革命"，在现实中面临很大阻力，必须采取多种措施保证效果。一方面必须提高相关措施的"含金量"，逐步提高简政放权的力度，切实将那些对微观经济主体影响较大的行政审批事项囊括到其中，防止各级政府避实就轻。另一方面，简政放权绝对不是撒手不管，而是从以前的事前控制转变为事中和事后的监控，其管理的责任非但没有减轻，在一定程度上还加重了。

2. 强化政府的市场监管和公共服务职能

要充分发挥政府积极作用，必须强化其职能。十八届三中全会提出"政府要加强发展战略、规划、政策、标准等制定和实施，加强市场活动监管，加强各类公共服务提供"。而在党的十九大报告中的"两步走"战略中，分别提到了要实现国家治理能力和治理体系

---

[1] 朱之鑫：《全面正确履行政府职能》，《求是》2013 年第 22 期。
[2]《中共十八届三中全会在京举行》，《人民日报》2013 年 11 月 13 日第 1 版。
[3] 习近平：《决胜全面建成小康社会　夺取新时代中国特色社会主义伟大胜利——在中国共产党第十九次全国代表大会上的报告（2017 年 10 月 18 日）》，《人民日报》2017 年 10 月 28 日第 1 版。

现代化，这其中最为重要的问题便是政府职能的优化。在这方面，笔者认为，应从如下几方面如手。

一是强化政府对经济的指导作用。发展战略、规划、政策以及标准的制定和实施等，均可看作是政府对经济的指导作用。在市场经济体制下，经济的发展具有自发性和盲目性，不可避免地要造成一些经济损失。如果我们充分发挥政府对经济的指导作用，就可以减少这一损失，加速经济发展进程。当然，这里需要注意的是，强化政府的相关职能，必须在尊重市场规律基础上，绝对不能将这些活动作为干涉经济正常运行的借口。

二是强化市场监管职能。在完善相关经济法律法规的基础上，以相关法律法规为依据，不断强化政府的市场监管职能，保证市场竞争有序、公平。一方面，对那些关系人民群众核心利益的重点行业和那些在国民经济发展中具有举足轻重作用的行业，进行重点监管。例如，食品安全直接关系到人民群众的健康，在现实中问题层出不穷，必须持续加强监管。房地产行业不但关系到人民群众的基本生活，还关系到国家经济长期健康发展，其发展也必须加强监管。另一方面，对于突出的共性问题，必须采取全方位的措施予以解决。例如，社会信用缺失是目前阻碍经济发展的一个重要问题。由于此问题具有复杂的内外部原因，很难通过单一的方式在短期内解决，建议在加强政府监管基础上，结合其他方式，创造一个"奖励守信者、惩罚失信者"的社会氛围，逐步解决这一问题。

三是强化公共服务职能。政府公共服务功能职能覆盖的范围很广，包括基础设施建设、就业、社会保障与福利、教育、科技、文化等诸多方面。整体来看，政府在有些方面做得较好，如基础设施建设、就业等，有些方面则有待加强，如社会保障与福利等。在公共服务领域，政府职能强化方向有两个：第一，服务广度扩展。随着经济的发展，需要政府负责的公共服务范围也在不断拓展之中，享受各类公共服务的人员数量也处于快速攀升过程中。第二，服务深度延伸。即人民群众对各项服务的质量要求提高了，且与经济快速增长相适应，人民要求服务质量的快速提升。公共服务职能是政府承担的重要职能，该职能发挥的好坏将直接关系到经济运行的效率。只有发挥好此职能，才能为市场体制发挥作用创造良好的外部条件。

（三）继续完善社会主义市场经济体系

十八届三中全会的《决定》指出，"建设统一开放、竞争有序的市场体系，是使市场在资源配置中起决定性作用的基础"。在十九大报告中，提出了经济体制改革要实现"产权激励有效、要素自由流动、价格反应灵敏、竞争公平有序、企业优胜劣汰"。整体来看，这两个提法在内在上具有高度一致性，十九大报告对经济体制改革的要求更为具体。从目前的情况看，我国市场体系还尚未完善，应着重从以下方面来着手。

1. 消除各种不同形式的市场壁垒，建立统一的市场

虽然我国建立社会主义市场经济的时间已经达到 20 多年，市场经济体系已经成型并逐步走向成熟，但是不可否认，在很多地方，各种不同形式的地方保护主义、不同地区差异较大的地方产品标准和技术标准等，导致全国各个市场处于程度各异的分裂状态，

真正意义上全国统一市场还未完全形成。[①]只有克服这一情况，建立统一的市场，才能真正发挥市场机制的作用，保证整体的消费者福利。

2. 促进要素市场改革，推动要素市场的发展

我国在要素市场方面存在的问题较多，主要体现为要素市场发育不成熟。要素市场的改革，也将成为整个市场体系建设的重中之重。

首先，户籍政策等的存在，导致劳动力资源流动偏离了应有局面，劳动力资源合理流动受到影响。在要素完全流动不存在障碍的情况下，市场机制将在最大限度内保证合适数量的劳动力向劳动力需求区域转移。但是在户籍制度存在的情况下，一些本可以转移的人口选择了向其他地区（如户籍政策不严格或者其他条件较为优厚者）转移或者拒绝转移，这就使劳动力资源的配置发生扭曲。最近几年来，在珠江三角洲和长江三角洲，智能机器人的销量保持高速增长，背后所隐藏的因素，除了新技术所带来的更高效率使企业更愿意采纳外，还有一个重要的因素是前几年所出现的"民工荒"已经成为一个常态化趋势，在我国劳动力整体数量已经濒临顶峰进而会出现下降的前提下，这一问题必须通过多采纳智能制造的方式代替劳动力。但是，有许多工作是机器人在现阶段所无法胜任的，尤其是服务行业诸多领域，要促进经济增长，采取措施促进劳动力无障碍流动，将是一个有利的选择。

其次，在资金来源上，存在国有企业和非国有企业、大企业

---

① 韩俊、任兴洲：《建设统一开放竞争有序的市场体系》，《人民日报》2013 年 11 月 20 日第 7 版。

与中小企业之间的差异。以银行贷款为例，在同等情况下，银行更愿意贷款给国有企业，而非国有企业获取贷款则相当困难。如果考虑到在资本市场上，国有企业和大企业相对于非国有企业和小企业，更容易通过上市、发行债券等方式获取资金，这种不平衡性更大。

整体来说，要素市场的改革，必须以促进要素的有效流动以及不同经济体在获取要素方面的公平性为目标，逐步建立一个完善的要素市场，逐步提高整个经济运行效率。

3. 必须坚持公有制的主体地位

坚持公有制的主体地位，一直是中国特色社会主义理论特别强调的问题，在十九大报告中，也提出要"促进国有资产保值增值，推动国有资本做大做强"，"培育具有全球竞争力的世界一流企业"[①]。这实际上就是要求我们的国有企业改革不仅要注重保值增值，还要不断增强国有企业活力，切实提升其运营效率，只有如此，才能真正培育出具有全球竞争力的企业。从当前国有企业改革的趋势来看，混合所有制改革是大趋势，而混合所有制拥有能够以更少的国有资本控制更多的资源、融合不同所有制的优点，提升企业自我发展意识、构建企业联合体增进产业链竞争力等潜在优势，[②]如果不断推进混合所有制改革，就能实现国有资本公益性和企业性的合理融合与并进发展，真正实现坚持公有制为主体的目的。

---

① 习近平：《决胜全面建成小康社会　夺取新时代中国特色社会主义伟大胜利——在中国共产党第十九次全国代表大会上的报告（2017 年 10 月 18 日）》，《人民日报》2017 年 10 月 28 日第 1 版。
② 曾宪奎：《国有企业的双重特性与混合所有制改革》，《红旗文稿》2015 年第 24 期。

（四）必须在社会主义市场经济前提下把握政府和市场关系

我们处理政府与市场的关系，必须要遵守科学社会主义基本原理，必须旗帜鲜明地反对西方自由主义的相关主张。习近平总书记在 2014 年 2 月 17 日省部级主要领导干部学习贯彻十八届三中全会精神全面深化改革专题研讨班的讲话中强调："我国国家治理体系需要改进和完善，但怎么改、怎么完善，我们要有主张、有定力。""我们全面深化改革，是要使中国特色社会主义制度更好；我们说坚定制度自信，不是要故步自封，而是要不断革除体制机制弊端，让我们的制度成熟而持久。"①

处理好政府与市场的关系，必须把握好社会主义市场经济这一前提，必须防止走上"改旗易帜"的邪路。目前对于市场推崇备至的自由主义观点在国内具有很大的市场，这一观点只关注市场机制的优点却忽略了其缺点，忽视政府调控和管理经济的正面作用，因而提出了否定社会主义前提的相关主张。其实，中国特色社会主义在 30 多年的发展进程中，证明了我们的发展模式具有明显优于西方模式的特点，如集中资源办理大事、通过政府调控实现经济的超越式发展等，我们完全没有盲目模仿西方，但是却取得了巨大成功，在近 40 年的经济发展进程中，我国年平均经济增长率超过 9%，创造了世界经济发展的一个奇迹；在国际金融危机爆发后，在欧美国家普遍陷入低速增长泥潭时，我国依然保持了高速增长。这些成就之所以能够取得，其基本原因便是我们是在社会主义框架

---

① 习近平：《完善和发展中国特色社会主义制度　推进国家治理体系和治理能力现代化》，《人民日报》2014 年 2 月 18 日第 1 版。

内实现的发展，我们在今后处理政府和市场关系时，也必须坚持这一原则。

需要强调的是，我们主张减少政府对经济的干预，是说能够交给市场的尽量交给市场，政府尽量不对正常经济运行产生不合理影响。但是这绝不意味着，我们要削弱政府对经济的管理职能。相反，政府对经济的管理具有市场所不具备的功能，强有力的政府调控和管理是社会主义市场经济的重要优势，这一点坚决不能放弃。就目前而言，我国的政府调控和管理水平，与理想状态还有较大差距，还没有实现国家治理体系和治理能力现代化，还需要加强政府调控和管理的现代化水平，而这和社会主义市场经济体制的完善并不矛盾。

第三节　形成全面开放新格局

开放是推动我国经济增长的重要因素，改革开放 40 余年来我国经济发展所取得的巨大成就与开放发展息息相关。随着全球经济发展形势出现新变化、国际经济合作新趋势逐步显现，以及我国参与全球经济合作的广度和深度不断增加，我国对外开放迎来新的机遇与挑战；另外，随着国内经济形势的发展，社会主义市场经济体制需要进一步完善，对内开放也需要进一步发展。在这种情况下，我们应该紧紧把握当前形势，结合自身发展实际，采取一系列具有自身特色的开放发展措施，保证在未来实现经济发展内外联动，以开放促进创新推动发展，最终形成全面开放的新格局。

一、新时代坚持开放是促进我国经济发展的重要因素

新时代，坚持开放发展是促进我国经济发展的重要因素，我们

的经济发展离不开开放。这主要体现在如下几方面。

（一）坚持开放理念，积极推动对外开放，是促进经济健康发展的重要动力

坚持开放发展理念，积极推动对外开放，积极利用外部市场与资源，是促进经济健康发展的重要动力。

一是进出口作为利用国外市场和资源最重要的形式，是长期以来支撑我国经济增长的重要因素。从出口来说，改革开放以来，国外市场需求成为拉动我国经济增长的动力，特别是 2001 年年底加入 WTO 以来，出口成为拉动我国经济快速增长最重要的因素之一。在进入 21 世纪之后，我国经济在若干年内增长率超过 10%，粗放型经济增长模式的发展潜力在这几年迅速释放，而拉动经济如此快速发展的因素，除了在亚洲金融危机之后，我国采取的相关宏观调控措施以及国企改革效果逐步显现之外，最重要的外部因素便是我国加入 WTO 所带来的"WTO 效应"，2001 年到 2017 年短短的 17 年内，出口总额和进出口总额分别增长了 6.45 倍和 6.22 倍，增长幅度巨大。正是出口的迅猛增加在短期内为生产规模迅速扩张所引发的产品数量快速提升提供了足够的市场需求空间，因而带动经济快速增长。据研究，我国出口每增长一个百分点，带动 GDP 增长 0.07 个百分点，[①] 在出口增速迅猛提升的情况下，出口对经济增长带动力是非常高的。从进口角度看，虽然进口增长速度低于出口，但是其绝对增速也保持了较高水平，特别是近两年来，其增速保持加快趋

---

① 瞿华、夏杰长等：《我国消费、投资、出口与经济增长关系实证检验——基于 1978—2010 年数据》，《经济问题探索》2013 年第 3 期。

势。作为一个人均资源并不丰富的发展中大国，进口一方面满足了国内对资源、能源等迅猛增长的需求，另一方面满足了国内急需的高端设备、技术等相关需求，为我国经济发展做出了重要贡献。

二是以"三资企业"为代表的外资，在较长时间内弥补了我国投资资金的不足，并作为一种新的经济成分推动我国市场经济的繁荣发展。改革开放之后的较长时间，我国都面临投资资金不足的状况，而外资的进入大大缓解了这一问题，与外资同时进入的还有先进的技术、品牌和管理经验，这些资源的进入对经济快速起步至关重要。正是在外资的协助下，我国部分产业迅速地实现了从发展极其薄弱到成为全球第一的奇迹，其中最为典型的便是汽车产业。虽然在新时代条件下，我国资金现在已经大大充裕，对外资的需求也不再强烈，但是这绝对不意味着我们要排斥外资，而是要积极主动引进具有较高技术含量的外资企业，为我国经济转型做出贡献。

在未来对外开放进程中，需要格外注意积极利用国外的创新资源，加速我国的技术创新步伐，推动经济转型和产业结构升级。具体来说表现在如下两方面。

一方面，引进技术创新资源促进自主技术创新。其中最为典型的便是引进消化吸收再创新，即企业在对引进技术进行仔细研究掌握相关技术诀窍的基础上，进行进一步创新，形成自身的创新成果。引进消化吸收再创新的特点是创新效率更高，风险更小，是技术落后国家快速实现技术反超的最有效手段。当前阶段，我国企业在对引进技术消化吸收上的重视程度不够，相关投入远远不及日韩，因此，引进消化吸收再创造是今后需要特别强调的创新方式。另外，引进技术创新资源还包括引进技术领先跨国企业的研发机构、引进国外技术人才等，这些都会对我国技术创新产生积极影响。

另一方面，积极"走出去"，利用国外创新资源。相比于创新资源引进，发达国家的创新体系我们不可能整体引进，而积极"走出去"，广泛利用国外创新的人才、设备积极为我所用，是增强自主创新能力的另外一个重要途径。目前，一部分企业已经采用这种方式进行创新，且取得了良好的效果。但是，整体而言，我国目前"走出去"的企业，对国外创新资源的利用程度还远远不够，需要在今后积极挖掘这一领域潜力，为我国未来的创新发展服务。

（二）坚持开放发展，积极推动对内开放，是挖掘经济发展内部潜力区域的重要保证

坚持开放发展，积极推动对内开放，努力打通国内区域市场，加速要素市场的市场化改革，是挖掘经济发展内在潜力，促进经济健康可持续发展的重要保证。

第一，打通国内区域市场，促进区域经济一体化，是推动经济发展的重要动力。改革开放以来，我国在经济发展进程中逐步形成了各地区竞争发展的局面，不同地区之间存在不同程度的地区贸易、投资壁垒。随着经济发展程度的不断提高，打破这些地区壁垒，促进区域经济一体化，实现不同地区之间有层次的分工协作关系，最终实现"多方共赢"的共同繁荣发展，是经济发展的大趋势。目前，在东中西地区之间，加强经济合作与彼此开放，促进产业合理分工转移，推动各自地区依照经济发展程度实现最佳产业配置，是未来推动经济以较高质量发展的重要保证。

第二，按照中央的有关精神，按照市场要在资源配置中起决定性作用的要求，加速要素市场改革，为经济发展创造新动力。当前，在这个领域最突出的便是金融方面对民营企业的歧视和在服务业等诸多投资领域中，对民营资本放开的步伐较慢。虽然中央多次宣布改革方案，但是当前影响要素市场化改革的各种障碍依然存在，民营投资面临的"弹簧门""玻璃门"现象尚未得到根本性改变。今后加强相关领域的改革，真正消除影响要素市场改革的种种障碍，是有效提升相关领域经济活力和供应效率，进而促进经济快速发展的重要支撑。同时，在这些领域开放的过程中，不仅仅要消除对不同经济成分的歧视，还要消除对本地区资本的偏袒，真正做到一视同仁。

二、新时代形成开放大格局的几个重点任务

坚持开放理念，形成开放大格局，必须迎接国际经济合作中出现的新挑战，积极采取应对政策，形成对外开放的新格局，以便最大程度上利用其中的发展机遇而避免不利影响。整体来说，有如下几个需要重点注意的问题。

（一）构建新的开放战略，大力推进"一带一路"建设

随着我国经济的快速发展，国际地位不断提高，坚持开放发展理念，就必须适应国际经济发展的形势，构建一个新的开放战略。"一带一路"建设作为扩大开放的重大战略举措和经济外交的顶层设计，必须作为开放战略中的核心任务来完成。

"一带一路"就是丝绸之路经济带和21世纪海上丝绸之路，它通过陆地和海洋两条路径将包括东南亚、西亚、东北亚以及欧洲在内的诸多地区的国家纳入其中，成为贯穿欧亚大陆的、世界最长的

经济走廊①。"一带一路"建设对我国构建新开放格局具有举足轻重的意义，具体表现在以下几方面。

一是"一带一路"建设有利于加大我国开放的地理广度。"一带一路"倡议涵盖欧亚大陆，涉及诸多发展程度各异、资源能源状况各不相同、文化制度各有特色的国家，对于我国这样的一个经济发展、人口众多、国土广大的大国而言，增进和这些国家的经济联系，无疑将扩展我国开放的地理意义上的范围。尽管改革开放以来，我国对外开放力度不断扩大，已经成为全球最重要的贸易大国之一，但是整体来说，我国与世界各国的经贸联系存在突出的区域不平衡问题，个别国家和地区在我国贸易体系中占据重要位置，而部分国家和我国的经贸联系尚处于起步阶段，还存在较大的发展空间。在我国经济步入新常态后，随着经济转型的推进，我国需要与各种不同发展程度的国家建立经济联系。这是因为在粗放型经济增长模式下，与我国建立紧密经济联系的主要是欧美发达国家，而这种经济联系是建立在发展程度的落差基础之上的，即我国从事产业发展中的加工组装等低端环节而发达国家从事研发、营销等高端环节。同时，与我国经济发展程度相近的国家，经贸联系则相对较弱，这主要是因为不存在发展落差，彼此经济的互补性不强，而更多体现为竞争关系。然而，在未来我国经济转型不断持续，我国在国际产业分工体系中的位置将不断向两端延伸，这时候和欧美等发达国家将越来越体现为竞争关系，而与发展中国家的互补性将不断增强。因

---

① 安宇宏：《"一带一路"战略》，《宏观经济管理》2015年第1期；文瑞：《"一带一路"战略背景下的中欧经贸合作》，《世界经济与贸易》2015年第5期。

此，在未来，我国对外开放需要与更多国家建立经贸联系，而"一带一路"涉及国家众多，无疑成为扩展开放地理空间的重要依托。特别值得一提的是，"一带一路"还囊括了西亚、中亚和俄罗斯等诸多能源、资源集中的地区与国家，而随着我国能源、资源对外依赖程度的提高，保持稳定的、可控的能源渠道成为中国重要的发展战略，加强"一带一路"建设无疑有利于密切和这些国家的经贸合作，在一定程度上有利于中国能源安全。

二是"一带一路"建设有利于加大我国与相关各国经贸合作的广度和深度。尽管我国和许多国家已经建立了密切的经济联系，但是和这些国家的经贸合作在广度和深度方面均有较大的发展潜力。一方面，我国和欧洲等许多发达国家建立的经济联系，依然以货物贸易为主体，随着我国经济步入新常态，这种合作的广度和深度将出现许多变化。在货物贸易内部，所涉及的产品将越来越多，产品的档次、类型等都将出现更多变化，这突出体现在随着我国产业升级的推进，高端产品在中国出口的产品中比重将不断提升，而低端产品将相应下降；在合作领域扩展方面，除了货物贸易方面，服务贸易作为未来我国开放发展的重点，有可能会成为未来中国和发达国家合作中的重点发展领域；技术创新作为未来中国发展的重点环节，将来有望成为中国和发达国家加强合作深度的领域。整体来说，中国在未来和这些发达国家的合作的深度和广度都将持续扩展。另一方面，我国与部分国家尽管建立了一些经贸联系，但是这种联系无论在广度和深度上都严重不足，而随着"一带一路"的推进，这种联系有望持续加深。例如，我国尽管和部分产油国建立了与石油进口相关的紧密联系，但是在货物贸易、投资等方面的合作还很薄弱，未来还有很大的经贸合作空间。而在"一带一路"的推进下，这些潜力将更为容易地转化为现实。

（二）扩大服务业对外开放力度

扩大服务业对外开放是十九大报告中提出的有关我国开放新格局的重要内容。整体来说，加大服务业对外开放的力度对我国全面开放新格局的构建和我国服务业的发展具有重要作用。

作为我国产业发展体系中的"短板"的服务业，有望通过扩大开放，推动其快速发展。与改革开放以来，我国工业体系不断完善、国际竞争力稳步提升、工业在全球格局中的地位逐步提高相比，服务业尽管也得到了快速发展，但是产业发展的成熟度、体制改革的完善度和其功能的发挥程度都滞后于工业。在产业发展方面，服务业发展相对落后，特别是与工业与农业发展息息相关的生产性服务业以及体现了较高技术含量和知识含量的高端服务业，都严重滞后，成为工业和农业发展的制约性因素；在体制方面，我国部分服务业依然存在较为突出的准入障碍，在缺乏竞争、相关体制没有理顺的环境下，这些产业发展十分缓慢，服务功能发挥得无法令人满意，成为经济发展和人们生活需要的"短板"。

随着我国经济步入新常态，经济转型的迫切需要和经济发展速度的下滑，都需要服务业得到快速发展，及其相应功能得到全面发挥。经济新常态的一个重要特征便是服务业代替工业成为推动经济增长的主要部门，这是因为粗放型经济增长模式的终结对不同部门的主要影响是工业发展速度的相对下降和服务业发展速度的相对上升。而要尽快实现服务业的快速发展，加大对外开放无疑是重要的政策措施。尽管相对于工业，部分服务行业功能较为特殊，不宜对外开放，我们需要保持对其控制，但是对大部分行业来说，是可以对外开放的。通过加大对外开放力度，引进相应的资金和国外企业，可以在短期内缓解部分服务行业发展不足对工业和农业部门形成制约的状况，并能通过溢出效应，将这些先进企业的管理经验及其他方面的知识扩散到整个行业中，从而带动整个行业运营效率的提升。当然，在对外开放的进程中，我们必须吸取国内部分行业的经验教训。例如，我国汽车产业在对外开放过程中，过分追求产业规模效应，导致产业发展过分依赖国外企业，而严重制约了民族企业的发展。而在服务业对外开放进程中，我们既要强调放宽市场准入和保护外商的合资权益，又要防止给予外商以超国民待遇，政策保持内外一致，切实保障整个行业合理的秩序，保证整个行业健康发展。

第四节　促进我国经济向高质量发展

正如前文所述，我国高质量发展与国外相比存在着共性和特殊性，这就决定了在高质量发展战略方面，我国既有着与国外相通之处，应该充分借鉴国外的经验，促进我国高质量高效率发展，同时我国高质量发展也存在特殊的、不同于西方国家的战略。结合国外高质量发展的经验和我国当前经济发展的实践状况，笔者认为主要应着重做好如下三方面的工作。

一、更加侧重通过国有企业改革促进高质量发展

一方面，加快混合所有制改革，做强做优做大国有企业。正如

党的十八届三中全会在《中共中央关于全面深化改革若干重大问题的决定》中所指出的，混合所有制改革不仅不会削弱国有资本的影响力，反而会"有利于国有资本放大功能、保值增值、提高竞争力，有利于各种所有制资本取长补短、相互促进、共同发展"。具体来说，体现为可以通过杠杆作用，以更少的国有资本控制更多的资源；有助于吸收不同所有制的优点，从而推动混合所有制企业竞争力的提升；有利于企业自我发展意识的提高，真正促进解决政企分开问题；有利于构建更紧密的产业合作链条，促进产业链竞争力的提升。[①]在混合所有制改革进程中，要注意做强、做优和做大之间的顺序关系，将提升国有企业竞争力、行业控制力作为重点，而不能简单通过资本手段将企业做大，这也是在高质量发展阶段国有企业发挥积极影响的重要基础。在管理体制上，要积极由管企业向管资本转变，改建和成立一批国有资本投资公司和运营公司，减少政府对国有企业的直接干预。

另一方面，加强国有企业党组织的建设。加强党组织建设，有利于强化国有企业社会主义价值功能，保证深化国有企业改革的方向，体现国有企业的公益性特征；有利于完善国有企业治理体制，创新中国特色社会主义国有企业治理结构；有利于强化国有企业监管，可以有效防止内部人员控制，并推动国企改革目标的实现。在高质量发展阶段，加强国有企业党组织建设，关键在于一方面积极促进党建工作和企业业务的结合，使党建工作成为推动企业业绩提

---

① 曾宪奎：《国有企业的双重特性与混合所有制改革》，《红旗文稿》2015 年第 24 期。

升的重要支撑。在实践中，有的国有企业高度重视党建工作，提升党员工作积极性，将党性提升和工作积极性统一起来，取得了良好效果。另一方面采取多种方式提升党组织工作成效，抓好各项党建工作的实效，通过不断改进工作方式持续提高党组织工作的效率，防止各项活动流于形式。

二、继续提升政府对经济发展的有效调控水平，推进相关领域的改革

当前改革，重点在于深化供给侧结构性改革。供给侧结构性改革已经提出两年多，在去产能、去杠杆、降成本等诸多方面已经取得突出成绩的背景下，今后供给侧结构性改革的关键是逐步实现供给体系质的提升，推动建设制造业强国战略，而这些改革将涉及一些深层次的结构性问题。例如，未来补短板将是供给侧结构性改革的重要方面，而影响我国经济发展的许多深层次问题恰恰构成了高质量经济发展的"短板"。如当前中央和地方政府的财政分权体制，存在的一个突出问题是地方政府收入和支出责任不匹配，只得采用土地出让金、发行地方债务等方式维持收支平衡，这就成为房地产库存严重和高杠杆问题的深层次催生因素。又如，要推进制造业强国战略，就必须大力弘扬企业家精神和工匠精神。企业家精神的核心在于创新创业，即通过企业家发现市场中存在的机会或者通过将新技术创造性地应用于创造新的产品、服务或者新的业态；工匠精神的核心在于培育产业工人、技术人员等一丝不苟的专注精神和永不满足的精益求精精神。而在当前阶段，受到经济发展历程（经济增长快速成长使得企业家精神和工匠精神没有得到充分发育）、文化传统（中国文化传统里缺少鼓励创新的氛围）以及社会风气（当前社会风气较为浮躁，不利于创新创业和专注精神）等因素的影响，要培养企业家精神和工匠精神，需要在政府引导下，社会各界积极参与共同努力才能达到目的。

三、积极推进创新型国家战略

创新型国家战略，是由政府推动，统筹企业、高校、科研机构及科技服务型中介公司等在内的诸多资源，在相关的政策引导下，促进一个国家或地区的技术创新能力以超越其他国家的速度发展的综合性战略。美国、英国等国家的政府对本国科技创新也制定了相关战略，但是整体看，这些战略涉及层面少、系统性差、政府主导力弱。而我国建立在社会主义体制优势上的创新型国家战略，能够有效整合相关资源和政策，建立起涵盖基础研究、应用研究和试验发展各环节，涉及科技体制、创新文化、人才培养与使用和知识产权保护等各领域，包括宏观经济调控政策、产业政策、技术创新政策等各种政策手段的有机创新体系，从而大幅促进技术创新体系整体效率提升。当前阶段，我国在技术创新方面存在着一定的粗放化问题，创新投入、产出和实际技术创新能力提升之间存在着较大程度的脱节，基础研究、应用研究和试验发展三大环节存在着严重的不平衡问题（主要体现为基础研究和应用研究投入过少），这就要求在未来发展进程中，必须根据现在的状况，多环节联动，采取多种针对性措施，逐步予以化解，以达到稳步促进我国技术创新能力提升的目的，不断推动实现技术创新在经济发展中"第一生产力"的作用。

第四章

供给侧结构性改革概述

供给侧结构性改革是我国在经济步入新常态后提出的一项战略性举措，其目的在于从供给端入手，针对供给和需求不匹配的现状，将提升供给质量作为主攻点，推动整个经济体系向高端发展。必须指出，我们所推行的供给侧结构性改革和西方的供给学派有着质的区别，我们必须坚持新时代中国特色社会主义发展道路，依据自身的发展需要，推动这一项改革举措。

第一节　供给侧结构性改革的提出

供给侧结构性改革的提出，是我国经济步入新常态后，针对我国经济体系中存在的突出问题而提出的一个战略性举措。

一、供给侧结构性改革的提出进程

供给侧结构性改革概念的第一次正式提出是在 2015 年 11 月的中央财经领导小组第十一次会议上，习近平总书记提出"在适度扩大总需求的同时，着力加强供给侧结构性改革，着力提高供给体系质量和效率，增强经济持续增长动力，推动我国社会生产力水平实现整体跃升"。应该说这次提出供给侧结构性改革的概念，目的在于贯彻十八届五中全会的精神，推动包括创新、协调、绿色、开放、共享在内的五大发展理念^①。同时，在这一次讲话中，明确指出"适应经济发展新常态"，明确将经济新常态和供给侧结构性改革联系起来，表明供给侧结构性改革是针对经济新常态而提出的。另外，习近平总书记还提出"实行宏观政策要稳、产业政策要准、微观政策要活、改革政策要实、社会政策要托底的政策"^②，尽管这是针对我国对经济调控整体政策而提出的要求，但这其实也是对供给侧结构性改革相关政策的要求。应该说，在这次会议上，供给侧结构性改革的主要框架已经提出。

在 2016 年 1 月的省部级主要领导干部学习贯彻十八届五中全会精神专题研讨班上，习近平总书记进一步对供给侧结构性改革进行了阐述。在供给侧结构性改革的内涵方面，他给出了进一步的解释，提出"解放和发展社会生产力，用改革的办法推进结构调整，减少无效和低端供给，扩大有效和中高端供给，增强供给结构对需求变化的适应性和灵活性，提高全要素生产率"^③。可以看出，供给侧结构性改革的核心目的是提高全员要素生产率，进而发展生产力。而在供给侧结构性改革和需求管理的关系上，习近平总书记指出："供给侧结构性改革，既强调供给又关注需求"，这就意味着我们的供给侧结构性改革绝对不是不注重需求管理而单方面强调供给端，而是注重二者的相互协调；在供给侧结构性改革的针对对象上，他提出"既

①《习近平：全面贯彻党的十八届五中全会精神 落实发展理念推进经济结构性改革》，《人民日报》，2015 年 11 月 11 日第 1 版。
②同上。
③《聚焦发力贯彻五中全会精神 确保如期全面建成小康社会》，《人民日报》，2016 年 1 月 19 日第 1 版。

突出发展社会生产力又注重完善生产关系", 这就表明供给侧结构性改革是一种立体化的改革, 包含着生产力和生产关系两方面; 在政府和市场关系问题上, 他强调"既发挥市场在资源配置中的决定性作用, 又更好发挥政府作用", 这就意味着我们绝对不会像西方供给学派那样否定政府的积极作用、极端强化市场的地位, 而是要充分发挥二者的积极作用, 形成更为有效的合力; 在改革的着眼点问题上, 习近平总书记强调供给侧结构性改革"既着眼当前又立足长远", 表明我们的改革不仅仅是要针对当前的突出问题, 还要针对经济步入新常态后的整体经济发展趋势, 绝对不是短期性改革。在供给侧结构性改革的重点任务方面, 习近平总书记指出"要从生产端入手, 重点是促进产能过剩有效化解, 促进产业优化重组, 降低企业成本, 发展战略性新兴产业和现代服务业, 增加公共产品和服务供给, 提高供给结构对需求变化的适应性和灵活性"①, 整体来看, 这一表述基本意思是"三去一降一补"。

"三去一降一补"即去产能、去库存、去杠杆、降成本、补短板, 是 2015 年 12 月中央经济工作会议提出的。在 2016 年 1 月召开的中央财经领导小组第十二次会议上, 习近平总书记指出: "要在适度扩大总需求的同时, 去产能、去库存、去杠杆、降成本、补短板, 从生产领域加强优质供给……提高供给结构适应性和灵活性, 提高全要素生产率, 使供给体系更好适应需求结构变化", 并指出"去产能、去库存、去杠杆、降成本、补短板是工作重点, 关系到供给侧

---

① 《聚焦发力贯彻五中全会精神　确保如期全面建成小康社会》,《人民日报》, 2016 年 1 月 19 日第 1 版。

结构性改革的开局、关系到'十三五'的开局。各地区各部门要坚定信心、坚决行动,抓紧抓好抓实,切实取得实效"[1]。对于"三去一降一补"的各项任务提出的原因,习近平总书记指出"去产能、去库存,是为了调整供求关系、缓解工业品价格下行压力,也是为了企业去杠杆,既减少实体经济债务和利息负担,又在宏观上防范金融风险。降成本、补短板,是为了提高企业竞争力、改善企业发展外部条件、增加经济潜在增长能力"[2]。

在供给侧结构性改革具体推行的难度上,习近平总书记在2016年3月参加湖南代表团参加审议时指出"推进供给侧结构性改革,是一场硬仗",绝对不是轻易能够完成的。在实际工作中,他指出应该"把握好'加法'和'减法'、当前和长远、力度和节奏、主要矛盾和次要矛盾、政府和市场的关系,以锐意进取、敢于担当的精神状态,脚踏实地、真抓实干的工作作风,打赢这场硬仗"[3]。在具体推进过程中,习近平总书记不时就供给侧结构性改革中出现的问题和难点进行指示,例如在2016年12月的中央财经领导小组第十四次会议上,他就针对"三去一降一补"中出现的重点问题进行指示,如在补短板方面指出"各地发展水平不同,补短板重点不同。从全国来看,要在以下几方面下大力气。一是加大脱贫攻坚力度,确保完成现行标准下农村贫困人口实现脱贫、贫困县全部摘帽、解决区

① 《习近平主持召开中央财经领导小组第十二次会议 研究供给侧结构性改革方案、长江经济带发展规划、森林生态安全工作》,《人民日报》2016年1月27日第1版。
② 《习近平主持召开中央财经领导小组第十三次会议强调 坚定不移推进供给侧结构性改革 在发展中不断扩大中等收入群体》,《人民日报》2016年5月17日第1版。
③ 《习近平李克强张德江俞正声刘云山王岐山张高丽分别参加全国人大会议一些代表团审议》,《人民日报》2016年3月9日第1版。

域性整体贫困的目标。二是解决好人民群众普遍关心的突出问题，提高公共服务水平和质量。三是增强创新能力，提高经济发展科技含量。四是加大人力资本投入力度，培养更多优秀企业家、创新人才、高技能人才和新型职业农民，提高劳动者素质。五是加快生态文明建设，加强资源节约和生态环境保护，做强做大绿色经济。六是补齐产业链条短板，培育发展新技术、新产品、新业态、新模式，加大传统产业改造力度。七是加强基础设施薄弱环节，增强网络效应"[①]。

二、供给侧结构性改革提出的背景

正如习近平总书记指出的"提出推进供给侧结构性改革，是我们综合研判世界经济发展趋势和我国经济发展新常态做出的重大决策"[②]，我国供给侧结构性改革是在国内经济发生重大转折、国际环境发生重大变化的情况下提出的，其背景因素较为复杂。

（一）国际环境因素

在国际环境方面，与国际金融危机爆发之后，"世界经济复苏乏力，美国、欧洲、日本等主要经济体推出多轮量化宽松货币政策，但世界经济尚未从国际金融危机阴影中走出来"[③]有关。事实上，自国际金融危机在 2007 年于美国发端，到之后其影响逐步扩展到全球，世界各国纷纷采取了一系列具有鲜明凯恩斯特征的货币和财政政策，意图扭转经济颓势，尽快使经济体系重新走上快速增长的轨道。尽管这些措施也取得了一定成效，加之经济周期的影响因素

①《习近平主持召开中央财经领导小组第十四次会议强调　从解决好人民群众普遍关心的突出问题入手　推进全面小康社会建设》，《人民日报》2016 年 12 月 22 日第 1 版。
②同上。
③同上。

（在经济步入衰退后会慢慢逐步恢复增长态势），全球经济已经摆脱了最困难的局面，部分国家已经逐步恢复了增长趋势，但是整体来看，全球经济的发展速度与国际金融危机之前的速度尚不可同日而语，经济增长的速度明显偏低，部分受国际金融危机影响较为严重的国家，还没有真正恢复元气。

造成这一现象的原因，正如习近平总书记指出的"就是没有对症下药，对复杂的结构问题仅仅使用解决总量问题的药方，原有矛盾没解决，又产生了不少新风险。不少国家看到了结构性改革的必要性，有的提出降低社会福利，有的提出减少财政支出，有的提出提高劳动力市场灵活性，等等，但受各方面利益和体制矛盾掣肘，实质性成果并不多"[①]，主要原因在于这些国家出台的应对性措施，尽管也有有利于未来经济增长的政策，例如世界各国在反危机措施中，纷纷提出了鼓励技术创新和新兴产业发展的举措，这在一定程度上会促进未来经济发展，属于有利于供给质量提升的政策，但是整体而言，这些政策主要还是站在需求侧方面，利用需求的扩大来带动经济发展，并没有深入各国供给侧方面存在的主要矛盾。例如，造成全球金融危机之后经济增长短期内难以恢复到之前高速的原因便是，自全球 IT 技术革命之后，尽管各种新技术和新兴产业不断显现出雏形，但是尚没有哪个产业能够真正形成如同 IT 产业对全球经济发展（特别是美国经济）的带动力，而因此对全球经济发展速度产生额外推动力。另一方面，许多国家在应对国际金融危机提出

---

①《习近平主持召开中央财经领导小组第十四次会议强调　从解决好人民群众普遍关心的突出问题入手　推进全面小康社会建设》，《人民日报》2016 年 12 月 22 日第 1 版。

措施的过程中，受到国内诸多矛盾和利益群体的影响，无法在有效应对危机、采取有力的措施方面形成一致意见，最终的措施其实是各方妥协的结果，其效力大打折扣。例如，有的国家要求削减福利，结果众多民众反对。

在这一系列因素的情况下，全球经济在短期内无法完全摆脱国际金融危机的影响，经济增长较为乏力。这对我国形成的一个直接影响便是经济外部发展环境不利，妨碍经济增长。其中，最为直接、最为突出的影响是外部需求环境不利，不能对我国外向型产业的发展形成强力的带动。其实，自改革开放以来，出口一直是拉动我国经济增长的重要因素，特别是在加入 WTO 之后，这一点表现得尤其显著。最近几年来，出口处于低速增长，部分年份甚至出现负增长，这对我国经济发展已经构成一定程度的负面影响，如果全球经济在未来依然持续低速增长，无疑国外需求也将受到抑制，对我国出口进而对我国经济发展十分不利。另外，在全球经济低迷的时期，各国的贸易保护主义便会抬头，对我国出口造成不利影响。

（二）国内环境因素

在经济发展面临的国际环境不利的情况下，我国的经济发展便更要依赖于国内因素，我们必须找准制约经济发展的关键性因素，即供给端。正如习近平总书记指出的"当前，我国经济发展虽然有周期性、总量性问题，但结构性问题最突出，矛盾的主要方面在供给侧。产能过剩、库存高企、杠杆偏高、成本过高、短板突出等问题不解决，只刺激需求，经济拉不上去，即使短期拉上一点，也不可持续"[1]。

当前制约我国经济发展的主要因素集中在供给侧。一方面，长久以来，我国实行的经济政策以需求管理为主，这种政策对我国经济的持续增长起到了重要作用。这是因为到 1997 年我国实现供求基本平衡之后，制约我国经济发展的重要因素是需求不足，在这种情况下，实行需求侧管理，不断扩张有效需求，能够有效拉动经济增长。然而，长期过多的强化需求，本身会在客观上造成供给和需求的失衡，在我国经济发展处于粗放型经济增长模式的情况下，这一状况尤其显著。这是因为，粗放型经济增长模式下，企业采用大规模工业化生产，产品缺乏差异化，与千差万别的需求相比，供给过于粗糙，消费者购买这种产品也只能是近似地满足需求，而谈不上十分满意，而随着经济持续发展，人们的收入不断增加，人们的需求将会不断升级，供给和需求的这种矛盾将会不断加剧。而长期的需求侧管理政策，会持续地形成额外的需求，使企业在不转型的情况下也能获得发展的市场，从而在客观上加剧供给和需求的矛盾。例如，不断加大的政府投资，会导致一些产能过剩的产业产能继续增加，从而加剧供需的矛盾。

另一方面，尽管在过去的 30 多年以需求侧管理为主的调控措施中，也包含了部分供给侧管理的因素，例如技术创新政策、新产业发展政策等，但是，供给侧受到的重视相对不足，这就导致很长时间以来，我国供给侧积累了许多问题，导致供给—需求体系中，主

---

① 《习近平主持召开中央财经领导小组第十四次会议强调　从解决好人民群众普遍关心的突出问题入手　推进全面小康社会建设》，《人民日报》2016 年 12 月 22 日第 1 版。

要矛盾集中在供给方面。首先，长期以来，我国供给方面存在的问题主要是产品个性化、科技含量不足，导致价格低、档次低。随着大规模排浪式消费阶段结束，供给侧在短期内无法适应个性化消费的趋势，这一问题已经开始显现出来。近几年，我国存在的一个突出现象是：大量的产品卖不出去和大量的民众到国外去采购或者通过"海外代购"的形式满足自身需求的现象并存，根本原因是国内的供给体系无法生产出个性化的、高档次的产品。其次，部分产业存在突出的问题。这主要体现为部分产业产能过剩较为严重，过度竞争使部分产业甚至陷入了整个产业盈利能力极为微弱的境地；以房地产为主的部分特殊行业库存严重，对整个经济体系的健康发展形成显著制约；整个经济体杠杆率明显提升，部分环节的杠杆率已经超出了健康区间，由此酝酿的风险有不断扩大的趋势；供给侧方面的企业成本过高和短板问题突出，已经影响了供给效率的提升和经济转型、产业结构升级。这一系列问题已经对我国经济可持续发展造成了严重影响，要解决这些问题，就必须从供给侧入手，进行结构性改革，实行标本兼治，逐步解决经济发展中的深层次矛盾，保证经济顺利转型，顺利实现十九大中提出的"两步走"战略目标。

第二节　供给侧结构性改革的相关概念及理论

要准确把握供给侧结构性改革，就必须首先把握其相关概念及理论，只有如此，我们才能真正明白供给侧结构性改革概念的内涵与外延、理论实质、产生背景及相关措施的由来。本节将对这些基本概念及理论进行梳理。

一、需求端和供给端概念分析

需求和供给的关系就如同一个硬币的两面，二者构成市场的两方面。按照经济学的定义，需求是指在某一时间段，在一定价格条件下，人们愿意并且有能力购买的商品的数量，它反映的是市场中消费者那一方面的情况；而供给则是指在一定时间段，在一定价格下，企业愿意并且能够提供的商品总量。需求和供给共同决定了市场的均衡价格，而在理想状态下，商品的价格将会足够灵活，市场需求和供给将会迅速达到均衡，而不存在供给和需求不平衡的状态。而满足这种理想的状态就是市场出清，这是经济学理论的一个重要假设状态，但是显然，在实践中，这种市场出清状态几乎不存在。

所谓的需求端，是指需求相关的一系列因素，包括消费者的消费能力、消费欲望以及与需求相关的一系列制度性因素；而供给端则是指产品或者服务的供给方，包括劳动、资本、技术等要素供给及相关制度等一系列因素。供给侧包括两大方面，一是要素投入，如土地、劳动、资本等生产要素投入；二是全员要素生产效率提高，主要由制度变革、结构优化和要素升级来推动。[1] 要素投入主要对应着供给规模的增加，当然部分因素也会对应着供给效率的提升，如企业家才能要素投入的增加，往往能够带来要素组合效率的提升和创新能力的提高，而不仅仅是供给规模的增加。但是，通常来说，要素投入主要是指土地、劳动、资本等，因而投入增加的主要结果还是供给规模的增加。而全员要素收入的提高，主要由包括技

[1] 李佐军：《正确理解供给侧结构性改革》，《北京日报》2015 年 11 月 28 日第 17 版。

术创新、组织创新、制度创新在内的广义创新推动，它实质上反映了供给在质上的提高。另外，供给侧还暗含了主体发展、产业发展等方面的内容。[①]主体发展主要是劳动力、企业家等经济参与主体，他们的素质和积极性的提高；产业发展可以分为两个层次：一是同一产业内部结构的优化提升，主要体现为产业向产业链两端（研发和营销）发展，产品或服务的档次和附加值快速提高等；二是不同产业的结构性优化，即技术密集型产业的比重上升，劳动密集型产业比重下降。

结构性改革是指针对经济体系内的结构性问题进行的改革，而所谓的结构性问题主要是在发展过程中逐步积累的、有多个因素累计形成的问题，这些问题较难通过"毕其功于一役"的方式予以解决。同时，对于结构性改革的另一个理解是：由于深化改革所涉及的措施错综复杂，所以需要对改革的先后次序、不同内容做出先后安排，由于这种改革的安排本身呈现出"结构性"特点，所以称之为结构性改革。[②]当然，一般来说，结构性改革主要指前者。关于结构性改革所涉及的结构性问题主要包括哪些，不同的学者对此有不同的观点。例如，迟福林就认为，结构性改革的关键是政府和市场的关系，因此依照此观点，可以认为结构性问题主要体现为政府和市场之间的关系问题[③]；李佐军则认为结构性问题主要体现为六方面：产业结构问题（产业结构层次不高）、区域结构问题（人口区域布局

---

① 李佐军：《正确理解供给侧结构性改革》，《北京日报》2015 年 11 月 28 日第 17 版。
② 关于这两个理解的详情请看李佐军的观点，参见《结构性改革：改什么？怎么改？》，《经济日报》2015 年 11 月 23 日第 5 版。
③ 迟福林：《处理好政府与市场关系是深化结构性改革的关键》，《行政管理改革》2017 年第 2 期。

不合理和区域发展不平衡）、要素投入结构问题（劳动力、资源等一般性生产要素偏高，而人才、技术、知识等高级生产要素偏低）、排放结构问题（废水、废气、废渣及二氧化碳等排放量偏高）、经济增长动力结构问题（拉动经济增长的核心动力制度变革、结构优化和要素升级的作用体现得不够）、收入分配结构问题（收入差距、贫富差距等）。[1]

供给侧结构性改革就是与需求管理政策相对应的，以供给侧作为重点而实行的，以供给效率提升为目标的相关改革。供给侧结构性改革是个非常宽泛的概念，它所包括的内容很广，基本上能将我们现在所进行的改革都囊括其中，而只是政策着眼点在于供给侧。供给侧结构性改革的内容可以总结为两个层次的部分[2]：一是针对供给侧中突出的、必须尽快解决的问题，提出的应对性改革措施。这些问题如果不尽快解决，就会影响即期经济增长，并可能持续累积到最后成为难以解决的顽疾。例如，我们现在提出的去产能、去库存、去杠杆，实际上就是这样的一类问题。为了在短期内缓解或者解决这一问题，改革提出很多措施，例如对新增项目的行政控制、对化解产能过剩的企业和政府部门的扶持等。这些措施的特征是属于短期性措施，而且其政策效果只能"治标"，无法深入这些问题背后的核心因素。二是通过供给侧结构性改革，而推行的针对经济发展的深层次矛盾的相关措施。这些措施往往难以在短期内见效，但是通过分阶段地实施，则能够逐步解决影响我国未来经济转型发

---

① 参见《结构性改革：改什么？怎么改？》，《经济日报》2015 年 11 月 23 日第 5 版。
② 李佐军：《正确理解供给侧结构性改革》，《北京日报》2015 年 11 月 28 日第 17 版。

展的深层次矛盾。例如，在供给侧结构性改革中，处理好政府职能的完善和市场在资源配置中决定性作用的关系；在去产能进程中，深入到过剩产能产生背后的体制性机制性因素，等等。

二、供给侧结构性改革与需求侧管理的区别

供给侧结构性改革与需求侧管理都是为了促进经济发展而采取的措施，不过二者所强调的重点不同，供给侧结构性改革从供给侧入手，着重强调供给效率的提升，以此促进经济效率的提升，推动经济可持续发展；而需求侧管理则强调扩大需求，进而拉动经济持续发展。具体来说，二者的区别主要体现在如下几方面。

一是促进经济发展的机制不同。供给侧结构性改革的目标在于通过相关的改革，解决经济发展中供给端存在的各种累积性问题和矛盾，为全员要素生产率的提升创造条件，进而促进供给效率的提升和竞争力的增强，最终推动经济发展。而需求侧管理则是强调在有效需求不足的情况下，通过扩张性的财政政策，人为地在短期内刺激需求，通过需求的扩张拉动经济发展。可以看出，尽管二者促进经济发展的机制不尽相同，但是二者的共性其实就是通过强调供给或者需求中的一端，打破供给和需求所处的低效状态，促进经济向更高水平发展。

二是对经济影响的深度存在差异。需求侧管理强调对有效需求的控制，特别是在经济处于下行周期时增加需求的措施，这种措施见效较快，能够在短期内就起到明显成效，从而使经济增长速度在较短时间内显著提高。事实上，从凯恩斯主义诞生并付诸实践以来的经验表明，需求侧管理在熨平经济周期、短期内调节经济波动上具有显著效果。但是从长期来看，需求侧管理会加剧经济体内本已存在的结构性矛盾，长期的需求侧管理容易产生供给端效率过低的问题，进而引发"滞胀"等难题，从而对经济发展不利。

而供给侧结构性不同，它所针对的是供给体系内的结构性问题，它所采取的各项措施，属于短期和长期措施搭配的政策体系，相对而言，这一体系对经济发展的调节效果，在短期内较难取得特别显著的成效，但是它的效果会是长期性的，会有效地促进经济可持续发展。从这一点上来说，供给侧结构性改革比需求侧管理的治理效果更具持久性，其影响更为长远。但是，也应该看到，供给侧结构性改革对于需求端有点鞭长莫及，在需要短期内对经济调整见到成效的措施时，供给侧结构性改革的相关举措的效果要相对逊色。因此，二者其实是各有所长又各有不足的措施体系，相互搭配协调实施，对于经济的发展最为有利。

三是政策体系的复杂度有所不同。供给侧结构性改革所针对的是供给侧内所存在的结构性问题，三方面的因素决定了这一改革的政策措施体系较为复杂：一是供给侧所涉及的行业、企业及其他组织数量庞大、特点不一；二是供给侧所涉及的结构性问题数量较多，而且同一问题在不同行业表现出不同的特点；三是供给侧所涉及的结构性问题自身所关涉的因素较为庞杂、涉及因素众多，解决起来难度大。而从动态的角度看，供给侧结构性改革会随着时间的推移、经济情况的转变，需要及时更改政策体系的内容，以便起到更好的调整效果。因此，供给侧结构性改革是一个相当复杂的政策体系。

相对而言，需求侧管理以凯恩斯主义的相关理论为基础，主要措施为财政措施、货币政策等，尽管各个国家在不同阶段所采取的政策有所不同，但是整体来看，这些政策的内容大同小异，其区别主要体现为力度的差异。近几年来，随着新凯恩斯主义的兴起，其政策内容有所创新，但是整体来看，这些政策体系的复杂程度还不能和供给侧结构性改革相比。

第三节　供给侧结构性改革与西方供给学派的区别

很多人在提起我国供给侧结构性改革时，容易将其与西方供给学派联系起来，其实二者之间有着质的区别，我们必须予以区分。在这里，我们将详细讨论供给侧结构性改革和西方供给学派的差别。

一、西方供给学派产生的背景

西方供给学派产生于 20 世纪 70 年代，它产生的背景是凯恩斯主义经过"二战"之后 20 多年的实施，其弊端开始出现，当时西方各国均为"滞胀"现象头疼不已。由于在凯恩斯主义的理论框架内，无法找到应对"滞胀"现象的有效措施，于是部分经济学家开始重新回归自由主义经济传统，供给学派在这种背景下应运而生。

随着 1936 年《就业、利息和货币通论》出版，凯恩斯主义正式形成。这个时期，正是大萧条（1929 年到 1933 年）余波未尽而罗斯福新政正崭露头角的时刻。在凯恩斯主义和罗斯福新政之间是否存在关系的问题上，一直众说纷纭，尚没有一个各方接受的统一看法，但是有一点可以肯定，二者在政策含义上具有高度的相似性，不管这是不是不谋而合。凯恩斯主义理论核心是需求管理，其认为，产生于 1803 年的萨伊定律，即认为供给会自动创造需求因而不要对需求进行管理的理论在本质上是错的，引发资本主义经济危机的主要原因便是有效需求不足。凯恩斯主义将有效需求不足的原因归结为边际消费倾向递减、资本边际效率递减和流动性偏好。在这三种因素的作用下，有效需求不足和非自愿失业成为资本主义经济体系内常态化的现象，而非偶然出现的、可以忽略的问题。因此，要解决有效需求不足的问题，就不能仅仅依靠经济自身的调节作用，而需要政府介入，通过进行需求管理而予以解决①。由于凯恩斯主义切中了自由放任资本主义的关键所在，因此在"二战"之后，西方各国纷纷采取了凯恩斯主义的相关政策主张，其中在这一时期促进凯恩斯主义的政策主张在不同国家得到实施，而做出贡献的经济学家还包括库兹涅茨、汉森、萨缪尔森等人。②

事实上，世界各国在采纳凯恩斯主义的初期，确实取得了良好效果，世界各国均迎来了一段高速增长期。但是随着时间的推进，凯恩斯主义的弊端也逐步显现出来，这便是通货膨胀和经济停滞并存的现象。按照凯恩斯的理论，经济停滞和通货膨胀不该同时出现，因此经济学家开始重新反思凯恩斯主义，部分经济学家开始重拾萨伊定律，即认为供给会自动产生需求而使二者相平衡，并依照萨伊定律所暗含的各项倾向制定了以供给为主要着眼点、强调供给效率的政策体系，这就是供给学派。

---

① 李怀玉：《供给学派和凯恩斯主义的比较及启示》，《商业时代》2014 年第 20 期。
② 厉以宁：《中译本前言》，第 11 页，载于约翰·梅纳德·凯恩斯：《就业、利息和货币通论》，译林出版社 2016 年版。

二、西方供给学派理论主张

广义的供给学派包括两个派别，即以拉弗、孟德尔、万尼斯基、罗伯特为代表的极端供给学派和以费尔德斯坦为代表的温和供给学派，大家所说的供给学派一般是指极端供给学派。[①]其实，从整体来看，供给学派并没有形成真正的理论体系，其主张更多体现为各项政策，因此许多经济学家并不承认供给学派，它对理论界的影响远不及其对实践的影响。整体来说，供给学派的理论主张可以总结为如下几方面。

一是全面否定凯恩斯主义，将视角转向萨伊定律。供给学派认为，造成"滞胀"的根源在于凯恩斯主义所主张的需求管理，要解决这一问题，必须重回萨伊定律的轨道。需求并不创造财富，而供给才是创造财富的根源，因此必须从供给入手，采取措施，使需求和供给的关系重回正确的路径，[②]促进经济发展的核心途径是增加供给。

应该说，凯恩斯主义本身过度强调需求管理而忽视供给方，长期施行其政策主张必然会人为造成供给和需求失衡，进而引发经济体的一系列问题。因此，在"滞胀"现象较为严重的时期，重新将目光聚焦供给，从供给入手，矫正以前实施凯恩斯主义造成的不足，对经济发展具有积极意义。但是抛开具体的历史背景，在抽象意义上强调供给而完全忽略需求，在现实中也不可取。

二是高度强调减税。减税在供给学派的政策主张中具有举足

[①] 范家骧、高天虹：《供给学派（上）》，《经济纵横》1987 年第 2 期。
[②] 钟祥财：《供给学派的思想价值和现实意义》，《上海经济研究》2011 年第 1 期。

轻重的作用，这一学派的主要代表人物之一拉弗最有名的理论贡献——"拉弗曲线"反映了减税的合理性。根据这一曲线，总税收和税率之间的关系并不是一条直线，而是一条曲线，即存在一个最佳税率使税收最大化，而高于这一最佳税率，则税率越高，总税收反而减少。供给学派认为，当时西方各国的税率早已高于最佳税率，因此减少税率并不会降低政府税收，同时还会促进供给效率的提升。而供给学派对减税机制的解释可以总结为"全面减税→改变生产要素的相对价格→增加对生产要素供给的正向刺激→提高要素供给质量→扩大经济总供给经济增长与一般价格水平下降"[1]。

整体而言，减税在当前的历史条件下，具有相当强的针对性。这是因为以凯恩斯主义为理论基础的需求管理政策，需要较高的税率和较高的政府财政收入作为支撑，因此在持续推进凯恩斯主义进程中，各国税率已经达到并且长期维持在很高的水平，这对提升供给效率已经构成明显不利的影响。在这种情况下，提出减税的主张具有一定的积极意义。

三是高度强调自由主义，反对任何形式的政府管制。供给学派在本质上属于西方自由主义，它在反对凯恩斯主义政府干预经济的同时，走上了一条极端道路，即它要求重回古典自由主义传统，强调要通过市场规律调节经济，而在理论主张中排斥政府的作用。这一点在其具体政策主张上，体现为削减政府福利、减少干预经济的相关法令、限制货币政策使用等。

---

① 张俊：《供给学派减税思想争论的考察》，《贵州社会科学》2014 年第 4 期。

供给学派的这一特质，注定了它是一个错误的、需要引发高度注意的理论。我们在强调供给学派的措施的工具价值时，千万不能忘记其背后所隐藏的自由主义本质。

三、供给侧结构性改革和西方供给学派的根本区别

我们所进行的供给侧结构性改革和西方的供给学派，尽管都将着力点放在供给侧，但是二者却有着本质不同。具体来说，体现在如下几方面。

一是二者政策工具的构成体系具有显著差别。西方供给学派的政策措施，主要包括四大方面：减税、削减财政支出、放松政府管制、实行紧缩性货币政策，整体来看，其措施主要体现于宏观经济调整的问题，而对经济内部的结构性问题则涉及较少。比较而言，我国供给侧结构性改革所涉及的内容要广泛得多。以"三去一降一补"措施所涉及的范围看，我国供给侧结构性改革涉及部分产业突出问题、宏观领域存在的结构性问题及企业发展面临的突出共性问题等。例如，去产能针对的是工业行业部分领域的产能过剩问题，去库存主要是针对房地产行业的库存问题，去杠杆主要针对的是宏观经济领域存在的杠杆率不断提高的问题，降成本则主要是针对企业面临的税费、用工用能成本过高的共性问题，补短板则针对经济体内所存在的一系列制约供给效率提升的问题，其中既包括一些宏观经济领域存在的突出问题，如扶贫问题，也包括企业面临的共性问题，如技术创新问题。整体来看，我国的供给侧结构性改革涉及供给侧各个层面的相关问题，且相关的措施也更为丰富。例如，被西方供给学派奉为圭臬的减税措施，也在我国供给侧结构性改革措

施体系中，但是也仅为降成本内容的一项，我国降成本所包含的政策内容其实要比减税这一措施广泛，还涉及用能、物流成本等；而从减税的具体内容看，西方供给学派主要强调大幅削减税率、减少税基等内容，我国减税措施除此之外，还注重从供给侧现实情况出发，通过结构性税收改革来降低企业税收负担，如营业税改增值税措施。

从动态角度看，西方供给学派的相关政策措施所涉及的内容尽管会有所变动，但是这主要体现在政策力度的差别上，而缺乏有力的、针对性强的措施内容的实质变动。西方供给学派的政策措施无论如何变动，其核心内容无非是围绕着减税、减少政府管制为核心的宏观调控措施，其变动主要体现在政策细节和力度，政策篮子内可供选择的政策工具较为匮乏，不能随着时间变动，对供给领域出现的新情况进行针对性调整。而我国供给侧结构性改革，由于政策工具种类诸多，尤其产业层次和企业层次的政策工具丰富，会随着供给领域出现的新情况而不断变动，使得相关政策工具针对性更强。

二是二者的目标导向存在较大差异。二者政策工具构成体系的显著差异，在一定程度上体现了这些政策背后的目标导向差异。西方的供给学派相关政策的目标导向，就是通过以供给侧为着眼点的宏观调控措施，实现恢复经济增长的目标。具体来说，在当时的历史环境下，供给学派的目标主要是帮助西方各国摆脱"滞胀"的困扰，使宏观经济重新进入增长轨道。而我国的供给侧结构性改革，是针对新常态下我国经济转型、产业结构升级的目标而制定的，包括短期和长期措施的一系列改革措施。它的目标是短期内将供给侧存在的部分结构性改革予以缓解，进而使供给体系在短期内促进效率提升，从长期来说，则是将目标锚定在全员要素生产率的提高，其中最主要的措施就是要实现创新驱动，彻底提升我国在国际产业分工中的地位，大幅度提升供给体系的质量和效率。例如，在供给侧结构性改革刚开始时，我们提出的"三去一降一补"的相关措施，在初期主要着力解决一些具有短期性特征的问题。例如，通过去除低端产能来帮助化解产能过剩问题、通过简政放权和降税费等措施降低企业负担等，以便尽快促进供给效率在短期内提升。而从长期来说，我国供给侧结构性改革更多强调提高供给体系质量、发展先进制造业、通过创新提升整个产业体系的档次等目标，其实质是要促进产业结构升级和经济发展模式转型。

其实，目标导向差异背后反映的是当时西方国家和我国现在发展任务的不同。西方供给学派所针对的是西方发达国家，它所面对的主要任务是使经济走出"滞胀"泥潭；而我国作为后发国家，供给侧结构性任务的提出背景是我国由富起来向强起来转变、实现社会主义现代化强国目标的关键时期，经济发展的核心目标是以技术创新为主体促进产业结构升级，而供给侧结构性改革作为支撑这一阶段发展目标的重要措施，便肩负了相应的历史使命。因此，二者的目标导向也必然存在较大差异。

三是对需求侧管理的态度不同。由于西方供给学派是在否定凯恩斯主义有效需求理论、全面恢复萨伊定律基础上发展起来的，因此西方供给学派全面否决需求侧管理，认为需求侧管理并不能真正创造财富，反而会给经济增长制造麻烦。在这种情况下，西方供给学派其实片面强调供给，其政策体系不够全面，在特定历史条件下，它能够起到一定作用，但是由于不能充分吸取需求侧管理的积极成分，因而无法与需求侧管理措施共同起作用，促进经济更快更好地发展。

与之相比，我国的供给侧结构性改革并不排斥需求侧管理。习近平总书记就曾经多次指出需求侧管理和供给侧结构性改革的关系，如在 2015 年 12 月的中央经济工作会议上提出"在适度扩大总需求的同时，着力加强供给侧结构性改革"①；在 2016 年 1 月省部级主要领导干部学习贯彻十八届五中全会精神专题研讨班上指出"我们讲的供给侧结构性改革，既强调供给又关注需求"②，在二者关系上强调"供给和需求是市场经济内在关系的两个基本方面，是既对立又统一的辩证关系，二者你离不开我、我离不开你，相互依存、互为条件。没有需求，供给就无从实现，新的需求可以催生新的供给；没有供给，需求就无法满足，新的供给可以创造新的需求"③。整体来看，我国供给侧结构性改革其实是结合需求侧管理一并进行，以便充分利用二者对经济发展的优势，最大强度上促进经济发展。比较而言，需求侧管理能够在短期内提升需求，进而快速拉动经济增长，对于短期内防止经济下滑、促进经济平稳增长具有突出效果；而供给侧结构性改革则更多针对供给体系内的，需求侧管理无法起到有效调控效果的部分进行结构性改革，通过相应的改革促进供给效率

① 《中央经济工作会议在北京举行》，《人民日报》2015 年 12 月 22 日第 1 版。
② 《习近平在省部级主要领导干部学习贯彻十八届五中全会精神专题研讨班开班式上发表重要讲话强调　聚焦发力贯彻五中全会精神　确保如期全面建成小康社会》，《人民日报》2016 年 1 月 19 日第 1 版。
③ 习近平：《在省部级主要领导干部学习贯彻党的十八届五中全会精神专题研讨班上的讲话》，《人民日报》2016 年 5 月 10 日第 2 版。

在短期和长期内提升，进而促进经济转型发展，提升经济发展的质量。同时，与西方供给学派和凯恩斯主义水火不容的状态相比，我国需求侧管理和供给侧结构性改革并不存在无法共存的问题，二者可以通过相应措施的综合权衡和合理安排，实现相互共同促进的效果，从而实现经济发展速度和发展质量的和谐，实现单纯的供给侧结构性改革措施不能取得的成效。

四是相关措施的效果存在显著差异。由于政策工具的构成体系、目标导向和对需求侧管理的态度不同，也决定了二者在相关措施效果上存在较大差异。从西方供给学派在实践中的实施效果，即里根政府相关措施的效果看，供给学派的相关政策措施确实取得了一定成效，主要表现为"滞胀"问题在较大程度上得以解决，经济增长态势逐步恢复。但是，里根政府的相关措施，也有许多负面效果。一是财政预算失衡问题严重。虽然里根政府在减税方面取得了较好效果，但财政预算却并没有实现均衡。据统计，里根上台的那年美国财政赤字为794亿美元，而到其第一任期结束，赤字上升到5999亿美元，而第二任期结束后则继续上升至13382亿美元，超过之前美国历任总统财政赤字总和。为了弥补财政赤字，美国大量举债，据统计，1988年美国联邦政府债务达到27000亿美元，非联邦债务则高达近7万亿美元。①二是美元持续升值，导致贸易赤字持续升高。1980年到1985年美元升值35%，对抑制通货膨胀起到重要作用，但是币值持续升值，导致贸易赤字从1980年的314亿美元

---

① 唐承运、刘锡海：《80年代美国经济与里根政府对策》，《外国问题研究》1996年第3期。

急剧提升至 1985 年的 1336.5 亿美元，即使在 1985 年，美国在七国会议集团上迫使其他国家货币升值，其赤字也没有减少，到 1989年依然高达 1433 亿美元。[①]三是减税政策的受益程度在群体间并不均衡，高收入阶层受益较多，而低收入阶层受益较少甚至利益受损，从而加重了贫富差距问题。例如，美国削减个人所得税的相关措施，主要受益者是高收入群体，据统计当时年收入在 20 万美元以上的群体人均税负减少了 26%，而对中低收入群体来说，税收的减免被消费税、社会保险税的增加所抵消，并没有从改革中获得多少好处。[②]另外，里根政府的相关改革措施取得成效，在一定程度上也是经济周期的影响，未必全是供给学派相关政策措施的原因，因此，供给学派相关政策措施的收益成本之比可能会更低一点。

相对而言，我国供给侧结构性改革由于刚刚实施三年，很多效果还没显现，因此还不能完全看到和西方供给学派相关措施在效果方面的差异。但是从目前实施的效果来看，我国供给侧结构性改革已经取得明显的短期成效，而且由于不排斥需求侧管理，从长期来说，我国供给侧结构性改革完全有可能达到实现经济较快增长和经济质量稳步提升相结合的目的，从而在经济增长过程中，实现不断消除结构性矛盾、经济增长持续性强、产业结构升级较快推进、产业竞争力逐步提升的目标，并为最终实现 2020年之后的"两步走"战略提供有力的支撑。整体来看，我国供给侧结构性改革要比西方供给学派相关措施的调控效果更有力、涉

---

① 张燕生：《80 年代以来美国经济的政策和结构调整》，《宏观经济研究》2001 年第 1 期。
② 徐铄：《供给学派税收政策的国际比较与启示》，《新远见》2009 年第 5 期。

及范围更广阔、影响更深远。

五是对政府调控的立场不同。正如前面已经提到过的，西方供给学派在理论渊源上承继西方古典自由学派，它主张尽量减少政府对经济的干预，主张恢复古典自由主义主张的政府"守夜人"角色。与之相比，我国作为社会主义国家，强调市场在资源配置中起决定性作用的基础上，积极发挥政府对经济的调控作用。我国改革开放以来 40 余年的发展经验表明，正是因为有了党和政府对经济的积极领导和引导，我国经济发展才能创造出一个震惊世界的奇迹，取得了举世瞩目的经济建设成就。而在以后的发展进程中，我们也不会否定政府调节在经济发展中的作用。在党的十九大报告中，习近平总书记论述新时代中国特色社会主义发展需要贯彻落实的思想，就首先提到要坚持"党对一切工作的领导"，并提出"必须坚持和完善中国特色社会主义制度，不断推进国家治理体系和治理能力现代化，坚决破除一切不合时宜的思想观念和体制机制弊端……构建系统完备、科学规范、运行有效的制度体系"，在具体的政府职能转变中，提出要"转变政府职能，深化简政放权，创新监管方式，增强政府公信力和执行力，建设人民满意的服务型政府"[①]。总之，我国的供给侧结构性改革是在社会主义市场经济体制框架内进行的改革，它并不否定政府作用，而是高度重视政府的作用，强调通过转变政府职能，使其更好地引导经济发展。其实，现在新自由主义在全球范围内具有泛滥的趋势，这一点我们必须高度注意，在供给侧结构性改

---

① 习近平：《决胜全面建成小康社会　夺取新时代中国特色社会主义伟大胜利——在中国共产党第十九次全国代表大会上的报告（2017 年 10 月 18 日）》，《人民日报》2017 年 10 月 28 日第 1 版。

单中必须警惕。"二战"以来，有一些国家实现了跨越式发展，其经验恰恰是在高度强调政府引导基础上实现的。例如，日本和韩国作为资本主义国家中在"二战"之后发展较快的两个典型，在发展过程中无不强调政府对宏观经济调控、产业政策引导和投资扶持等，而取得了比其他资本主义国家更快的发展成效。相反，部分采取新自由主义政策主张的国家，其经济不但没有取得持续快速增长的目标，反而陷入"中等收入陷阱"的泥潭，无法自拔。特别需要指出的是，苏联和东欧在采用新自由主义相关的"休克疗法"之后，大量国家与地区无法真正进入经济健康发展轨道，人们的生活水平也出现了较为明显的倒退现象。因此，新自由主义在这一问题上的观点是十分错误的，对此，我们必须坚定对中国特色社会主义理论和道路的自信。

第五章
供给侧结构性改革实践研究

供给侧结构性改革是针对我国经济步入新常态后出现的各种新问题、面临的新挑战而提出的，具有很强的实践针对性。尽管从提出到现在的时间并不长，也只有四年多的时间，但是通过相关措施的推进，已经取得了显著效果。今后，供给侧结构性改革将更着重强化产业结构升级的内容，这一点十九大报告已经明确提出相关要求。本章将对供给侧结构性改革的具体实践活动进行研究。

第一节　"三去一降一补"提出的背景

"三去一降一补"是我国供给侧结构性改革提出的重要政策措施，可以说，我国供给侧结构性改革刚开始的两年，基本是围绕着"三去一降一补"来进行的。"三去一降一补"是指去产能、去库存、去杠杆、降成本、补短板，它的提出具有明显的现实针对性。之所以提出这些改革措施，主要是由于如下几个因素。

一、供给端部分产业结构性矛盾突出

改革开放 40 余年来，我国在供给端累积了许多突出的结构性矛盾，这在部分产业体现得最为明显。具体来说，表现为如下几方面。

一是部分产业产能过剩的问题持续积累。改革开放初期，我国供求关系表现为较为突出的供不应求关系，但是随着工业生产能力的持

续提升，这个问题最终在 1997 年基本解决，之后便逐渐进入了供过于求的阶段。当然，随着我国加入世界贸易组织，国外需求突增，在一定程度上消化了继续增长的产能，使得产能过剩问题一度并不突出。而在国际金融危机爆发之后这个问题变得突出，有的学者认为，国际金融危机之前，我国的产能过剩是低端的、局部性过剩，即产能过剩主要集中在钢铁、水泥等低端行业，而国际金融危机之后，产能过剩呈现出全局性过剩特点，产能过剩的范围迅速扩大，涉及广泛的装备制造业甚至包括其中的新兴产业。[①]需要特别指出的是，基于需求侧管理的各项政策措施，如扩张性财政政策和宽松的货币政策，实际上在很大程度上抑制了经济周期对产能过剩的自然调整作用，使得部分过剩产能在救市政策的催化下逆势而上，产能继续上升，且其上升的程度与政策力度和持续时间成正比。

突出的产能过剩对我国经济发展造成了严重的影响。一方面，在一个产业内部，持续的产能过剩问题使得整个产业盈利能力大幅下降。由于部分产业的退出成本较高，导致企业更多地选择"坚守"，在这种情况下，产品价格会维持在较低价格区间，最终使得整个行业出现长期亏损。这种情况使企业因为资金匮乏而无力通过加强技术创新来促进产品升级换代，部分企业甚至为了盈利而降低产品质量，从而最终导致整个产业陷入升级乏力的状态。另一方面，由于现在的产能过剩涉及的行业较多，这就导致整个经济体系发展的风险持续加大。大量企业如果陷入倒闭风险之中，一旦掀起

① 李晓华：《后危机时代我国产能过剩研究》，《财经问题研究》2013 年第 6 期。

倒闭潮，将对宏观经济体系形成极大的风险。[①]在这种情况下，启动供给侧结构性改革的相关措施，尽快去除过剩产能，将在较大程度上帮助产能过剩产业摆脱"产业过剩——恶性竞争加剧——企业盈利状况恶化——无力采取措施促进产业升级——产能继续过剩"的恶性循环，进而对相关产业以至宏观经济的健康可持续发展起到重要作用。

二是以房地产为主的一些特殊行业库存问题严重。我国房地产行业在最近十几年发展十分迅速，它在国民经济体系中的作用已经变得举足轻重，房地产行业的发展状况已经对经济发展产生了显著影响。同时，应该说，房地产行业的发展，对提高我国人民的平均居住水平起到了重要的作用。但是，与房地产行业快速发展同步出现的现象便是房地产价格的快速攀升，根据《中国统计年鉴》的相关数据，我国房地产价格从 2000 年的 2112 元／平方米提高到 2018 年的 8737 元／平方米，18 年的时间名义价格增长了 3.14 倍，其中住宅价格从 1948 元／平方米提高到 2018 年的 8544 元／平方米，名义价格增长了 3.39 倍。从表面上看，这个价格增长并不快，但是考虑到北京、上海、广州、深圳等人口集中的大城市房地产价格上涨格外显著，目前部分城市的整体价格水平与人们的收入相比明显超出了应有比例范围，因此我国房地产价格具有明显的泡沫。同时，与房地产价格高企相比，房地产出现了严重的库存。关于我国房地产库存的具体数据，现在没有统一说法，根据中国社会科学

---

① 国务院发展研究中心《进一步化解产能过剩的政策研究》课题组：《当前我国产能过剩的特征、风险及对策研究——基于实地调研及微观数据的分析》，《管理世界》2015 年第 4 期。

院财经战略研究院发布的《中国住房报告（2015-2016）》的相关数据，我国商品房库存量为 21 亿平方米，大约需要 2 年的时间才能消化掉①。但是，更多研究机构或者学者认为，实际情况可能比这更严重。根据中国指数研究院的相关数据，截至 2015 年 11 月全国房地产待售面积为 6.96 亿平方米，在建未售面积约为 48 亿平方米，待开工面积为 8.5 亿平方米，三者之和达到 63.5 亿立方米，按照过去 5 年间年均销售面积为 11.5 亿平方米计算，要完全消化这些库存需要 5.5 年的时间②。而侯云春提供的数据表明，我国总库存面积超过 80 亿立方米，按照 2015 年的销售数量，大约需要 5 年零 9 个月才能消化完库存③。总之，不管哪一组数据，都说明我国房地产库存问题非常突出。

房地产库存对我国房地产行业乃至宏观经济发展都构成了严重的负面作用。一方面，较高的房地产库存，就意味着在较长时间内，即使不再新建房地产项目，也足以满足市场需求，这对房地产行业的健康发展十分不利。导致这一问题更为严重的因素便是房地产价格整体上呈现"上升易，下降难"的趋势，因而房地产库存高企的问题难以通过正常的市场供需规律得到化解。造成这一特殊现象背后的因素十分复杂，如房地产土地供应体制的特殊性、房地产财政对地方财政的重要作用等。总之，在价格保持黏性和库存高企共存的情况下，房地

---

① 《商品房过剩总库存 21 亿平方米 楼市进过剩时代》，《经济参考报》2015 年 12 月 4 日。
② 《房地产去库存要多久？专家：供需齐发力或要 5 年》，http://www.sh.xinhuanet.com/2015-12/23/c_134945259.htm。
③ 《全国房地产去库存或需五年九个月》，http://dc.sznews.com/content/2016-04/06/content_12999564.htm。

产行业难以实现可持续发展，进而影响了经济健康发展。另一方面，房地产库存问题很大程度上是房地产泡沫的一个表象，如果无法根治这一问题，则无法从根本上降低库存。房地产泡沫作为一个产生机制极其复杂的问题，必须从其产生机制入手，逐步予以化解，但是严重的房地产库存，对化解泡沫产生了阻碍作用。如果采用短期内促进销售的措施，则很可能继续推高已经非常高的房价，进一步吹大泡沫；如果对房地产库存坐视不管，则会加大泡沫突然破裂的风险，而这有可能对经济系统产生无法承受的后果。在这种情况下，房地产去库存问题必须通过科学合理的方法予以化解。

三是全社会杠杆率迅速上升。随着近几年我国经济持续发展，全社会杠杆率呈现快速提升趋势，且整体到了较高的水平。关于这一点，尽管不同研究所得出的数据并不相同，但是各研究均表明我国全社会杠杆率快速提升。例如，朱鸿鸣、薄岩的计算结果表明，2008年到2014年我国全社会杠杆率从139.1%提高到213.1%，短短6年提高了74个百分点，年均提高12.3个百分点；而根据李扬等人的测算，2015年我国债务总额高达168.48万亿元，全社会杠杆率则达到249%[1]。与其他国家相比较，我国整体杠杆率并不算特别高，与部分国家还有相当差距，但是考虑到我国依然是个发展中国家，且整体福利水平并不高，随着我国福利水平的提升，则这一杠杆率将有可能达到较高的水平。换句话说，就我国目前的发展水平而言，全社会杠杆率已经偏高。同时，从不同部门杠杆率的情况来看，有两点必须引发

---

① 《社科院：全社会杠杆率为249% 中国不存在债务危机》，《经济参考报》2016年6月16日第1版。

关注：一是非金融部门的杠杆率提升迅速，表明非金融企业的资金高度依赖外部来源，在我国当前工业发展环境并不宽松的情况下，这将酝酿较大的风险；二是地方政府的杠杆率提升显著，这与我国当前的中央政府和地方政府事权和财权不匹配，部分地方政府财政收入与支出相比存在较大缺口，而加大地方债务发行有关；三是居民杠杆率也呈现加快的提升趋势，这与人们提前消费理念得到普及有一定关系，在部分耐用消费品和房地产的付费方式上，分期付款的方式呈现上升态势，而这会提高居民的杠杆率。

二、成本高企妨碍了企业竞争力提升

长久以来，我国企业运行的各项外在成本高企，在一定程度上侵蚀了企业利润。而随着经济步入新常态，企业面临转型的艰巨挑战，这时许多企业面临企业发展环境恶化、传统的成本竞争力不断降低、新的核心竞争力尚未形成"多面夹击"的状况，使得企业经营困难。在这种情况下，高企的成本对于企业的转型甚至生存都构成威胁。

企业的成本高企主要体现在三方面。一是无形的制度性交易成本高。这里主要强调企业在执行政府相关规章和与政府部门打交道时，所付出的各种交易成本，其中最为突出的便是时间成本。在没有实行简政放权改革以前，政府的各项审批、服务活动的效率较为低下，程序十分烦琐，在一定程度上影响了企业正常运营，拉高了企业的成本。二是有形的税费成本。这主要包括两部分，即明文征收的各种税收，如增值税、营业税、企业所得税等；另外则是包括各种地方政府行政性基金、收费以及各种名目的摊派等费用^①。从税收的角度看，在过去较长时间内，我国税收增长速度高于国内生产总值的增长速度，高速增长的税收在很大程度上就意味着企业成本负担的增加。另外，部分税收制度不合理，导致部分企业税收负担不合理，例如在"营改增"之前，由于无法通过增值税的抵扣制度降低税收负担，部分服务性行业的税收负担过高，影响了这些行业的健康发展。同时，各种费用在税费中也占有较高比重，这实际上就是侵蚀了企业的利润空间。三是融资成本。融资成本是指企业在融资过程中花费的包括交易成本在内的各项成本。我国企业融资成本高，一直是制约企业发展的一个突出难题，这一点在中小企业中表现得尤为明显。中小企业由于企业规模小、资金实力弱，特别需要资金支持，但是由于缺乏有效的抵押物，这些企业较难获得银行的贷款。特别是在相关管理制度促使银行为了规避贷款风险而倾向于选择国有企业或者大型民营企业作为贷款对象的情况下，中小企业贷款难的问题便更为突出。同时，即使能够获得贷款，中小企业融资成本也比较高，例如通过担保公司获得贷款就需要付出较高的担保费。另外，企业在无法通过正规渠道获得贷款的情况下，有时候会求助于其他贷款渠道，例如民间借贷或者地下银行，而这些贷款的利率明显高于银行。

三、部分短板影响了我国经济转型发展

改革开放以来，长时期的粗放型经济增长模式，使得一部分问

---

① 赵治纲：《"降成本"现状、成因与对策建议》，《财政科学》2016 年第 6 期。

题逐渐累积起来，成为难以解决且影响未来经济发展的"短板"。如果不能尽快解决这些短板，使其不再成为制约经济发展的掣肘，就会影响新常态下我国经济的转型发展。具体来说，这些短板主要包括如下几个。

一是贫困问题。随着我国经济持续发展，人们的收入水平持续提高，而贫困人口的数量也在不断减少，但是由于人口基数大，直到目前我国贫困人口数量依然相当大。贫困问题的存在，严重影响了我国共同富裕目标的实现和全面建成小康社会目标的达成。对此，习近平总书记指出："消除贫困、改善民生、逐步实现共同富裕，是社会主义的本质要求"，"全面建成小康社会，最艰巨最繁重的任务在农村，特别是在贫困地区"，"没有农村的小康，特别是没有贫困地区的小康，就没有全面建成小康社会"[①]。

二是社会保障和公共服务。社会保障和公共服务发展水平与经济发展水平不符，曾经是很长时间以来我国经济发展中存在的一个重要问题。随着各项保障事业和公共服务的发展，这一问题得到一定程度的缓解，但是与广大群众的需要和经济发展的需求相比，这一点仍然需要加强。一方面，社会保障和公共服务存在突出的城乡二元化现象，使得农村地区无法同步享受到发展成果。在社会保障方面，尽管农村地区的社会保障在最近几年得到快速发展，如新农合的快速发展在很大程度上了减轻了农民看病的负担，其他福利也开始在部分地区得到发展，但是整体来说，农村地区的各项社会保

---

① 《习近平到河北阜平看望慰问困难群众时强调　把群众安危冷暖时刻放在心上　把党和政府温暖送到千家万户》，《人民日报》2012 年 12 月 31 日第 1 版。

障在保障的广度和深度方面，均和城市地区有较大差距。在公共服务方面，我国存在的突出问题是，各项公共服务资源向城市地区尤其是部分大城市地区倾斜的情况较为严重，导致城乡地区之间和不同城市地区之间，公共服务水准具有较大差距。另一方面，与我国经济发展水平相比，我国社会保障的广度和深度均滞后，不仅和发达国家具有较大差距，即使与部分发展中国家相比，我国整体福利水平也相对落后。社会保障和公共服务水平滞后，不仅直接影响人们生活水平的提高，也会在很大程度上加大人们消费的后顾之忧，进而制约人们消费水平的提高，对经济发展不利。因此，社会保障和公共服务是我国经济发展的一个重要"短板"。

三是自主创新能力。自主创新能力不足，是制约我国产业结构升级、企业核心竞争力提升的关键因素。尽管我国提出"提高自主创新能力"已经超过 10 年，但是从整体来看，我国绝大多数企业都没有实现自主创新能力的质的突破，而随着我国经济步入新常态，这一问题日益突出，已经成为阻碍我国经济发展最重要的"短板"。一方面，尽管我国在技术创新方面出台了一系列优惠措施，引导和扶持企业加大创新力度，但是整体来看，我国企业在技术创新方面的动力和能力依然没有质的提升。从创新的企业动力来说，企业需要具有两个条件才能真正具备创新动力，即具备创新的实力（包括资金、研发机构、人员等方面）和能够将创新尽快转化为现实的竞争力，如果二者不具备其中之一，则企业不会真正进行技术创新。具备创新实力，主要要求企业具备相当的资金实力，因为创新活动是一项风险很大、效果难以预期的活动，没有足够的实力，很难将创新活动坚持下去；能够将创新尽快转化为现实的竞争力，是指企业要求创新的成果能够直接转化为竞争力，如果创新成果转化成竞争力还需要较长时期，就会进一步加大创新风险，对于面临现实巨大竞争压力的企业而言，会大大降低其创新的积极性。从我国企业当前的情况看，在经历过国际金融危机之后，我国进入以转型为主要特征的新常态，企业盈利能力十分薄弱，大量企业尤其是中小企业已经不具备足够的资金实力进行技术创新；而在转型的大背景下，许多企业并没有真正为转型做好足够的准备，加之大量企业缺乏转型的经验，因此对创新直接转化为竞争力并没有把握。在有其他选择的情况下，企业有可能转而选择其他，如在竞争力过大的产业内的企业，选择进入发展前景相对宽阔的新兴产业、积极开拓国外市场，等等。另一方面，尽管在相关政策的推动下，我国研发资金投入迅速扩大，研发经费占 GDP 的比重快速提升，已经达到部分发达国家的水平，但是我国创新成果质量比较低，真正原创性的重大研发技术成果很少，同时企业的创新能力提升高度依赖于历年的创新积累，而在这方面我国企业普遍处于劣势，因此这些创新产出要转化成现实的创新能力还需要一段时间。在这些因素的作用下，10多年来，我国自主技术创新能力并没有得到真正提升。

第二节 "三去一降一补"主要政策与效果

纵观三年来我国采取的"三去一降一补"的相关措施，在不同领域有不同的重点，并在较短时间内取得了显著效果。整体来说，"三去一降一补"的短期效果十分明显，具体来说，表现在如下几方面。

一、去产能的调控重点和效果分析

去产能名列"三去一降一补"之首，它在供给侧结构性改革的短期改革措施中，确实也是最重要的。整体来说，在中央政府决定推动"去产能"的相关改革之后，各地纷纷采取各种措施，落实中央的相关要求，最终取得良好成效。

在2015年12月举行的中央经济工作会议上，对去产能问题提出了一系列要求。在去产能的处理原则上强调"企业主体、政府推动、市场引导、依法处置"，并高度强调要"妥善处理保持社会稳定和推进结构性改革的关系"，以便积极稳妥地处理好去产能。在具体措施上强调几方面：一是通过加快破产清算案件的审理速度，为过剩产能退出创造条件；提出要在去产能方面制定相关的"财税支持、不良资产处置、失业人员再就业和生活保障以及专项奖补等政策"，形成完整的配套政策体系；在退出产能的处理方式上，提倡兼并重组，而对破产清算持谨慎态度，以便尽量减少短期内的社会成本；提出要严格控制新增产能。①

为了进一步推动去产能，2016年2月国务院出台了《关于煤炭行业化解过剩产能实现脱困发展的意见》和《国务院关于钢铁行业化解过剩产能实现脱困发展的意见》，对于煤炭和钢铁行业的去产能问题提出具体的要求和政策措施。在去产能的目标方面，提出要从2016年起，用3到5年时间，做到2个"5亿吨"，即退出产能5

---

① 《中央经济工作会议在北京举行》，《人民日报》2015年12月22日第1版。

亿吨、减量重组 5 亿吨，最终达到供求基本平衡，产能过剩问题基本得以化解；钢铁行业方面提出，从 2016 年开始，用 5 年时间压减粗钢产能 1 亿到 1.5 亿吨，加快兼并重组和产业结构提升工作，使产能利用率恢复合理，企业效益大幅提升。在具体的要求方面，煤炭行业提出要控制新增产能，加快产能退出，提出从 2016 年起 3 年内一般不再审批新建项目、新增产能的技术改造项目等，如果一定要新增，则必须推行减量置换；对于已有产能，提出要对 13 类落后小煤矿等实行关闭退出的措施；对于产能小于 30 万吨和 15 万吨的煤矿，如果在安全生产方面存在隐患，则要求在 1 至 3 年内淘汰。而钢铁产业对新增产能，则要求"各地区、各部门不得以任何名义、任何方式备案新增产能的钢铁项目"，同时严禁各部门在土地供应、能评、环评审批和新增授信等方面支持新增项目；对于现有产能，则分几类处理，一是对无法满足环保、能耗、质量、安全、技术等法律法规和产业政策的产业，要依法依规退出；二是鼓励现有企业通过"主动压减、兼并重组、转型转产、搬迁改造、国际产能合作等途径"，退出产能；三是要求"钢铁产能退出须拆除相应冶炼设备"，而对暂时无法拆除的，就必须采取断电、断水等措施，这实际上就是要防止这些过剩产能"死灰复燃"。在具体的政策措施方面，也提出了一系列的举措，如设立专项资金支持、做好职工安置、盘活土地资源等。

在 2016 年《政府工作报告》中，提出要对钢铁、煤炭等重点行业，通过经济、法律、技术、环保、质量、安全等一系列手段，推进去产能工作。在报告中，特别强调了要"积极稳妥处置'僵尸企业'"；中央财政设立 1000 亿元专项奖补资金，用以推进职工分流安置工作。在 2016 年 12 月的中央经济工作会议上，对去产能提出要继续推动钢铁、煤炭等行业的化解产能过剩的工作，其中高度强调处置"僵尸企业"的问题，并强调要防止已经化解的产能"死灰复燃"。①2017 年 3 月的《政府工作报告》根据去产能的新形势新变化提出了新的目标和措施。提出 2017 年的目标是在 2016 年基础上再压减钢铁产能 5000 万吨左右，退出煤炭产能 1.5 亿吨以上，淘汰、停建、缓建煤电产能 5000 万千瓦以上。在具体措施方面，除了强调落实 2016 年 12 月中央经济工作会议提出的相关措施外，还强调"必须安置好职工，中央财政专项奖补资金要及时拨付，地方和企业要落实相关资金与措施，确保分流职工就业有出路、生活有保障"。②

同时，各个部委和地方政府也出台了配套的政策。如 2016 年 3 月，国土资源部出台了《国土资源部关于支持钢铁煤炭行业化解过剩产能实现脱困发展的意见》，提出了要严控土地供应、严格矿业权审批、严格执法监管的一系列要求，确保煤炭和钢铁企业遵守相应的去产能要求；同时，积极在土地资源盘活方面予以支持，促进产能退出。同时，各地方政府也积极出台相应的配套措施，如 2016 年 2 月 28 日，重庆市出台《推进供给侧结构性改革工作方案》，要求将煤炭产能减少至 2000 万吨以内，煤矿数量缩减至 70 个以内。③

①《中央经济工作会议在北京举行》，《人民日报》2016 年 12 月 17 日第 1 版。
②《李克强作的政府工作报告（摘登）》，《人民日报》2017 年 3 月 6 日第 2 版。
③《多地加紧制定煤炭去产能措施》，《上海证券报》2016 年 3 月 2 日第 7 版。

在这一系列措施的推动下，我国去产能在 2016 年取得了明显成效，提前完成了钢铁去产能 4500 万吨、煤炭去产能 2.5 亿吨的年度任务，并安置好了近 70 万的相关职工。根据 2017 年《政府工作报告》中的数据，2016 年我国退出钢铁产能超过 6500 万吨、煤炭产能超过 2.9 亿吨。[①]同时，根据 2018 年《政府工作报告》，2013年到 2017 年，我国在去产能方面，政府累积安排 1000 亿元专项资金支持钢铁、煤炭等重点行业去产能，累积退出钢铁产能超过 1.7亿吨，煤炭产能 8 亿吨，安置分流职工超过 110 万人；但是，随着去产能的持续推进，相关的难度将不断加大，未来我国去产能的任务还很艰巨。

二、去库存的相关措施及效果分析

由于房地产库存是一个涉及因素众多、难以在短期内见到成效的问题，因此，在实践中，各级政府从多方位采取了针对性措施，并已经开始逐渐取得成效。

在 2015 年 12 月举行的中央经济工作会议上，针对去库存主要提出了几项措施：一是通过加快市民城市化，加快农业人口向城市转移，"使他们形成在就业地买房或长期租房的预期和需求"，达到"打通供需通道，消化库存，稳定房地产市场"的目标；二是建立购租并举的住房制度，将公租房的销售范围扩展至非户籍人口，以满足新市民住房需求；三是发展住房租赁市场，鼓励个人和机构购买库存商品房用以出租，鼓励专业化租赁企业发展；四是鼓励房地产

---

① 《多地加紧制定煤炭去产能措施》，《上海证券报》2016 年 3 月 2 日第 7 版。

企业通过降低价格扩大销售，并鼓励房地产企业兼并重组。①这四个措施基本为我国房地产去库存奠定了基调，在此基础上，各地方政府纷纷制定了房地产去库存的实施意见，各个地区所采取的措施整体大同小异，基本是强化这四项措施的落实。

在 2016 年 12 月的中央经济工作会议上，根据全国房地产库存的新形势，进一步提出了关于去库存的要求。一是在去库存策略上，高度强调"分类调控，因城因地施策"，去库存的任务重点则放在三四线城市，具体措施上强调通过三四线城市和大城市实现基础设施互联互通、提升三四线城市各项公共服务的水平，促进农业人口向三四线城市转移。二是强化房地产发展的相关体制机制。提出"房子是用来住的、不是用来炒的"的定位，要求研究建立"符合国情、适应市场规律的基础性制度和长效机制"，保证房地产健康可持续发展；对货币信贷向房地产领域的流向进行控制，支持合理自住购房，严禁资金流行投资投机购房；要求根据人口流动情况确定用地指标，同时各地区根据本地房地产形势，合理调整土地供应状况；强调加快"机构化、规模化租赁企业发展"，同时加强对住房市场相关行为的监管和整顿。②2017 年 3 月的《政府工作报告》对去库存提出了新要求和新措施，其中特别强调要对目前居住着几千万人口的城市简陋棚户区进行改造，2017 年的目标为改造 600 万套，同时强调要继续发展公租房，并推进周边配套设施建设

---

① 《中央经济工作会议在北京举行》，《人民日报》2015 年 12 月 22 日第 1 版。
② 同上。

和加强公共服务。①

我国在去库存方面取得了积极效果。根据 2017 年《政府工作报告》中的数据，2016 年我国棚户区住房改造达到 600 多万套；深入推进户籍制度改革，2016 年 1600 万人进城落户。在具体的房地产库存方面，根据住建部的相关数字，在 2015 年年底我国商品房待售面积为 7.18 亿平方米，而 2016 年年底则降为 6.95 亿平方米，1 年时间内下降了 0.23 亿立方米；商品住宅待售面积则从 4.52 亿平方米，下降到 4.03 亿平方米，下降幅度达到了 11%，可以说取得了明显效果。②根据国家统计局的数据，2017 年我国商品房待售面积由 2016 年的 69539 万平方米降低为 58923 万平方米，下降 15.3%③；2018 年进一步降低为 52424 平方米，下降幅度达到 11.0%。④可以看出，从 2016 年到 2018 年这 3 年时间内，商品房待售面积累积降低了 24.9%，大大缓解了房地产库存问题中的突出问题。

三、去杠杆的相关措施及效果分析

鉴于较高的杠杆率对于经济健康可持续发展的不利影响，去杠杆一直是我国供给侧结构性改革的重要内容，在 2017 年和 2018 年更是作为年度主要任务。整体来看，去杠杆大致依据时间的推移，根据杠杆率的变化和经济发展的具体情况，采取了相应的措施。

①《李克强作的政府工作报告（摘登）》，《人民日报》2017 年 3 月 6 日第 2 版。
②《住建部：2016 年房地产去库存工作取得初步成效》，http：//finance.people.com.cn/n1/2017/0223/c1004-29102519.html。
③《国家统计局：2017 年全国商品房销售面积 16.9 万平方米》，http：//finance.sina.com.cn/roll/2018-01-18/doc-ifyquixe3834739.shtml。
④《2018 年 1~12 月全国房地产开发投资和销售情况》，http：//www.stats.gov.cn/tjsj/zxfb/201901/t20190121_1645782.html。

在 2015 年 12 月举行的中央经济工作会议上，针对去杠杆主要提出了几项措施：一是强调要依法处置信用违约；二是强调通过做好地方政府债务置换、完善全口径政府债务管理、改进债券发行办法等措施，有效化解地方政府债务风险；三是通过加强全方位监控、规范各类融资行为、开展专项整治行动等措施，实现对金融风险的控制，"坚决守住不发生系统性和区域性风险的底线"。①2016 年 3 月的《政府工作报告》中，在去杠杆方面提出了如下措施。一是开始探索中央和地方完善财政分权相关制度。具体来说，包括继续向地方政府在税收管理权限方面放权，将适合地方政府的税种下放地方；压缩专项支付规模而扩大一般转移支付规模。二是强化对地方债务问题管理，具体包括：建立规范的地方政府举债融资机制，除对部分有支付能力、债务风险低的地方政府增加债务限额之外，要求地方政府严控财政支出，提高财政资金使用效率。三是强化金融监管，实现金融风险监管全覆盖，加强全口径外债宏观审慎管理，对于各类金融违法活动予以严厉打击。四是启动金融创新，在控制风险的同时解决"融资难"问题。包括"促进多层次资本市场健康发展，提高直接融资比重"，"深化国有商业银行和开发性、政策性金融机构改革，发展民营银行，启动投贷联动试点"，等等。②而在 2016 年 12 月举行的中央经济工作会议上，对去杠杆提出了新的要求。在调控重点上，强调在保证对总杠杆率的调控基础上，将工作重点放在降低企业杠杆率上，具体措施包括支持企业市场化、法治

---

① 《中央经济工作会议在北京举行》，《人民日报》2015 年 12 月 22 日第 1 版。
② 《李克强作的政府工作报告（摘登）》，《人民日报》2016 年 3 月 6 日第 2 版。

化债转股、加快股权融资、强化企业自身债务杠杆约束。对于政府债务问题，强调要"规范政府举债行为"。①在2017年3月的《政府工作报告》中，除了强化落实中央经济工作会议的相关要求外，特别提出要强化国有企业财务杠杆约束，并逐步将企业负债率降低到合理范围。②

另外，2016年10月国务院就出台了专门针对杠杆的文件——《关于积极稳妥降低企业杠杆率的意见》，该文件对降低企业杠杆率提出了详细系统性措施。主要包括如下几部分：一是积极推进企业兼并重组，通过重点行业兼并重组、业务重组等方式，优化企业债务结构；二是完善现代企业制度，明确企业在降低杠杆中的主体责任，强化国有企业降低杠杆率的责任制度，通过企业自我约束，降低杠杆率；三是多措并举盘活企业存量资产，在分类清理企业存量资产基础上，通过出售、转让、租赁、回租等方式盘活企业存量资产，大力整合企业存量资产，同时积极推进资产证券化工作，从而达到降低杠杆率的目的；四是多方式优化企业债务结构，通过多种方式推动企业开展债务清理和债务整合工作、降低企业财务负担，从而不断优化企业的债务结构；五是有序开展市场化银行债权转股权；六是健全依法破产的体制机制，对于无法继续生存的企业，进行破产清算、重整与和解；七是积极发展股权融资，不断完善多层次股权市场，丰富股权融资工具，降低企业对债务的依赖度。在此文件基础上，政府有关部门和地方政府纷纷出台了落实该文件的相

---

① 《中央经济工作会议在北京举行》，《人民日报》2016年12月17日第1版。
② 《李克强作的政府工作报告（摘登）》，《人民日报》2017年3月6日第2版。

关规定，如国家发展和改革委员会就先后出台了包括《市场化银行债权转股权专项债券发行指引》《关于落实降低企业杠杆率税收支持政策的通知》《关于发挥政府出资产业投资基金引导作用推动市场化银行债权转股权相关工作的通知》等一系列文件。

我国的去杠杆取得了明显积极效果。根据 2017 年《政府工作报告》中的数据，仅在扩大地方政府存量债务置换规模方面，就降低利息负担约 4000 亿元。从总杠杆率看，根据国际清算银行的相关数据，2017 年第 1 季度末我国总体杠杆率为 257.8%，同比增幅较 2016 年第 4 季度末下降了 4.7 个百分点，且连续 4 个季度保持下降。其中，非金融企业杠杆率为 165.3%，已经连续 3 个季度环比下降或者持平。而由中国社会科学院发布的《2017 年三季度中国去杠杆进程报告》表明，2017 年第 3 季度的实体经济杠杆率（包括居民、非金融企业和政府部门）由第三季度末的 238.2% 提高到 239.0%，基本保持平稳态势。其中，金融部门杠杆率下降了 3.2 个百分点。另外，2017 年前三个季度非金融企业部门杠杆率累计下降 0.8 个百分点。[①] 而从 2017 年全年杠杆率情况看，该年杠杆率增加仅为 2.3%。[②] 到 2018 年，杠杆率在经历了一定时期的增长后，至 9 月前后被有效控制，而此时"去杠杆"任务也随之转化为"稳杠杆"。

四、降成本的相关措施分析

我国企业成本高企是诸多因素造成的。因此，中央政府便根据

---

① 《我国去杠杆初见成效 债务风险逐步释放》，http://finance.sina.com.cn/roll/2017-11-30/doc-ifypceiq7960124.shtml。
② 张晓晶、常欣、刘磊：《中国去杠杆进程》，《中国经济报告》2018 年第 5 期。

造成我国企业成本高的诸多因素，出台了一系列降成本的措施。

在 2015 年 12 月举行的中央经济工作会议上，针对降成本主要提出了多项措施，并高度强调要打"组合拳"，主要包括：以转变政府职能和简政放权为主要抓手，降低制度性交易成本；通过清理不合理收费、研究降低增长税率等措施，减轻企业税费负担；通过强调金融企业让利实体企业，降低企业财务成本；强调通过降低电力价格和物流成本，降低企业税费，等等。[1]在 2016 年 3 月的《政府工作报告》中，对降成本提出了更为细致的要求。一是高度强调推动简政放权、放管结合、优化服务改革，通过大力削减行政审批事项、下放审批事项、深化商事制度改革、试行市场准入负面清单制度、对行政性收费等一系列收费项目实行目录清单管理、深化价格改革、修改和废止部分不合时宜的行政法规和文件、创新事中事后监管方式、推进综合行政执法改革、大力推行"互联网＋政务服务"等一系列措施，确实降低成本。[2]在 2016 年 12 月的中央经济工作会议上，对降成本提出了"要在减税、降费、降低要素成本上加大工作力度"的要求。具体来说，就是要继续"降低各类交易成本特别是制度性交易成本，减少审批环节，降低各类中介评估费用，降低企业用能成本，降低物流成本，提高劳动力市场灵活性，推动企业眼睛向内降本增效"。[3]2017 年 3 月的《政府工作报告》中，详细制定了降成本的各项措施及目标。具体来说，包括如下几

①《中央经济工作会议在北京举行》，《人民日报》2015 年 12 月 22 日第 1 版。
②《李克强作的政府工作报告（摘登）》，《人民日报》2016 年 3 月 6 日第 2 版。
③《中央经济工作会议在北京举行》，《人民日报》2016 年 12 月 17 日第 1 版。

方面：一是扩大小微企业减半征收所得税优惠的范围，将年应纳所得额的上限范围由 30 万元提高到 50 万元，加计扣除的比例由原来的 50% 提高到 75%；二是要求采取多种措施，减少企业税费负担。具体措施包括：对政府性基金予以全面清理规范，并"取消城市公用事业附加等基金，授权地方政府自主减免部分基金"；要求取消或停征中央涉企行政事业性收费 35 项，同时收费项目再减少一半以上；"减少政府定价的涉企经营性收费，清理取消行政审批中介服务违规收费"，降低金融、铁路货运的相关经营性收费；降低"五险一金"的缴费比例。①

2016 年 8 月，国务院出台了《国务院关于印发降低实体经济企业成本工作方案的通知》，就降低实体经济企业的成本提出了系统性意见。该文件的主要内容包括：一是通过全面推进营改增试点、切实落实研发费用加计扣除政策、扩大行政事业性收费免征范围、取消一部分政府性基金等措施，降低企业的收费负担；二是通过营造适度宽松的货币氛围、降低融资中间环节费用、完善企业考核和监管体系、发展民营银行和中小金融机构、发展股权融资等措施，降低企业融资成本；三是通过加强公平竞争市场环境建设、深化"放管服"改革、加快社会信用体系建设、提升贸易便利化水平、剥离国有企业原有各项非企业应承担的负担等措施，降低制度性交易成本；四是通过降低企业社保缴费比例、降低企业住房公积金缴存比例、完善最低工资调整机制等措施，降低企业用工成本；五是进一

---

① 《李克强作的政府工作报告（摘登）》，《人民日报》2017 年 3 月 6 日第 2 版。

步降低企业的用能用地成本、物流成本。在此文件基础上，相关政府部门和各地方政府也纷纷出台了更加具体的措施，落实这一文件提出的各种要求。

我国的降成本取得了显著成效，在简政放权方面，2016 年取消了 165 项国务院部门及其指定地方实施的审批事项，清理规范了 192 项审批中介服务事项和 220 项职业资格许可认定事项。[1] 根据 2018 年政府工作报告，2013 年到 2017 年，政府性基金项目压减 30%，由中央政府层面设立的涉企收费项目则削减 60% 以上。在企业成本降低的具体数据方面，2016 年推行的以"营改增"为主要内容的税收改革，累积减税超过 5000 亿元；2017 年降成本的力度更大，根据国家发展和改革委员会发言人提供的数据，2017 年我国累积降低成本达到 1 万亿元左右，其中涉企收费减负就达到 1700 亿元[2]。另外，影响较为突出的物流成本下降幅度达到 886.1 亿元[3]。2018 年降成本工作继续取得显著成效，国家发展和改革委员会预计，全年降低成本累积达到 1.1 万亿元左右[4]。而从企业的平均成本负担来看，国家统计局数据表明，规模以上工业企业每百元主营业务收入中，成本和费用总计为 92.58 元，比 2017 年降低 0.18 元[5]。

---

[1]《李克强作的政府工作报告（摘登）》，《人民日报》2017 年 3 月 6 日第 2 版。

[2]《去年降成本达 1 万亿元 继续推进物流降本增效》，http://www.sohu.com/a/222338796_119663。

[3]《交通部：确保今年"降成本"不低于 2017 年的水平》，http://finance.sina.com.cn/roll/2018-02-07/doc-ifyrkzqq9321668.shtml。

[4]《发改委：预计全年降成本 1.1 万亿元以上》，http://finance.sina.com.cn/china/2018-08-17/doc-ihhvciiw2350305.shtml。

[5]《国家统计局工业司何平博士解读 2018 年工业企业利润数据》，http://www.stats.gov.cn/tjsj/sjjd/201901/t20190128_1647067.html。

五、补短板的相关措施分析

在 2015 年 12 月举行的中央经济工作会议上，针对补短板主要提出了如下几项措施：一是推进精准扶贫，通过建档立卡，加强资金、政策等投入力度，提高扶贫工作的质量；二是通过支持企业技术改造和设备更新、减轻企业债务负担以及创新企业金融支持方式等措施，提高企业技术改造投资能力；三是强调要加强发展新产业；四是强调继续强化基础设施短板，并"推动形成市场化、可持续的投入机制和运营机制"；五是通过加强农业基础设施建设、保护和提高农业综合生产能力以及农产品质量、效益的措施，保证农业生产效率不断提高。[①]

在 2016 年 3 月的《政府工作报告》中，对补短板提出了几条措施：一是大力实施创新驱动战略，强化技术创新，提升经济。主要的措施包括：通过落实研发费用加计扣除、税收优惠等政策，支持行业领军企业建立研发机构，建设一批国家自主创新示范区、高新区以及全面创新改革试验区等一系列措施，强化企业创新主体地位；通过大众创业、万众创新和"互联网＋"等手段，构建一系列新型创新平台和企业创新机制、建设一批"双创"示范基地、发展分享经济，从而促进创新创业发展；深化包括高校和科研院所自主权、科技成果转移转化、股权期权税收优惠政策和分红奖励办法等一系列体制机制，创造良好的创新文化，"营造敢为人先、宽容失败的良好氛围，充分激发企业家精神，调动全社会创业创新积极性，

---

① 《中央经济工作会议在北京举行》，《人民日报》2015 年 12 月 22 日第 1 版。

汇聚成推动发展的磅礴力量"。二是采取措施，改善产品和服务的供给状况。具体包括：通过不断完善质量管理制度、培育企业工匠精神、加强企业个性化定制生产等方式，不断提升产品品质；通过继续推进"中国制造＋互联网"、建设国家级创新平台、启动一系列促进制造业升级的重大工程和示范项目、强化技术改造升级等措施，不断促进制造业升级；通过"启动新一轮国家服务业综合改革试点，实施高技术服务业创新工程，大力发展数字创意产业"等一系列措施，促进现代服务业发展。①

在 2016 年 12 月的中央经济工作会议上，对补短板提出了"既补硬短板也补软短板，既补发展短板也补制度短板"的要求，特别强调了在扶贫攻坚方面，要更为有力和更扎实地推进相关工作，切实推动精准扶贫相关措施落地生根。在农业供给侧结构性改革方面，提出了要推进绿色优质农产品供给、加大农村环境突出问题的综合治理力度、抓好玉米收储制度改革、细化和落实有关承包土地"三权分置"的办法、深化农村产权制度改革等多项措施。在实体经济发展方面，强调"以提高质量和核心竞争力为中心，坚持创新驱动发展，扩大高质量产品和服务供给"。具体措施包括引导企业形成核心竞争力、实施创新驱动发展战略、建立法制化的市场营商环境、进一步优化产业组织等。②2017 年 3 月的《政府工作报告》对相关措施进行了更进一步细化。在精准扶贫方面，提出 2017 年要继续减少农村贫困人口 1000 万人以上，易地扶贫搬迁达到 340 万人，中

---

① 《李克强作的政府工作报告（摘登）》，《人民日报》2016 年 3 月 6 日第 2 版。
② 《中央经济工作会议在北京举行》，《人民日报》2016 年 12 月 17 日第 1 版。

央财政专项扶贫资金要增长 30% 以上。同时，强调要改善连片特困地区、革命老区基础设施建设，增进贫困地区和群众的自我发展能力，强化贫困县涉农资金的监管，同时创新扶贫协作机制，强化落实脱贫攻坚责任制。在创新发展方面，主要提出了如下几方面的措施：一是通过完善对基础研究和原创性研究的长期稳定支持机制等有关措施，切实提升科技创新能力；二是通过加快新材料、人工智能、集成电路、生物制药、第五代移动通信等领域的技术研发和转化，推动"互联网＋"等相关产业发展，切实加快新兴产业的发展；三是通过深入实施《中国制造 2025》，加快大数据、云计算、物联网等新兴技术的应用，大力发展智能制造，进而推动传统产业的改造提升；四是继续推进大众创新、万众创业，要求进一步通过创建新一批示范基地、促进产学研联合创建众创空间，强化"双创"的相关发展环境，等等。①

我国在补短板方面短期内取得了一系列成果。根据 2017 年《政府工作报告》中的相关数据，2016 年我国在技术创新方面取得的成就包括：启动了面向 2030 年的科技创新重大项目，支持北京和上海建设具有全球影响力的科技创新中心，新增设立了 6 个国家自主创新示范区，国内有效发明专利拥有量超过了 100 万件，科技进步贡献率达到了 56.2%。在攻坚扶贫方面，减少农村贫困人口达到 1240 万，易地扶贫搬迁人口超过 240 万，财政专项资金投入超过 1000 亿元，为 1700 万困难和残疾群众发送生活或护理补贴，高校招收

---

① 《李克强作的政府工作报告（摘登）》，《人民日报》2017 年 3 月 6 日第 2 版。

贫困农村地区学生的数量增长了 21.3%，资助家庭困难学生数量达到 8400 万人。[①]

第三节　十九大以后我国供给侧结构性改革展望

习近平总书记在十九大报告中提出建设现代化经济体系，而供给侧结构性改革作为新常态下我国重要的改革举措，下一步应紧紧围绕这个任务，不断优化供给质量，在逐渐解决供给迫在眉睫的短期任务后，更加重视长期性任务，将供给侧结构性改革和经济转型紧密结合起来，促进我国经济创新力和竞争力的不断增强。

一、继续实施质量强国战略，带动品牌提升

"十三五"规划第一次提出了"质量强国"的概念，而在十九大报告中，也多次提及与"质量强国"有关的概念，如在"深化供给侧结构性改革"部分中，就提到"把提高供给体系质量作为主攻方向"。[②]要提高我国实体经济竞争力，促进我国制造业向全球价值链中高端迈进，强化质量是基础，而在高产品质量基础上强化品牌则是获取产品溢价、摆脱制造业粗放式发展的重要途径。

（一）强化质量是提升企业竞争力和塑造品牌的基础，我国要建设制造强国，必须强化质量优先

产品质量，从狭义上讲主要包括产品性能的稳定性、耐用性、良好状态的持久性以及使用的安全性等几方面，它主要指产品的物

---

①《李克强作的政府工作报告（摘登）》，《人民日报》2017 年 3 月 6 日第 2 版。
②习近平：《决胜全面建成小康社会　夺取新时代中国特色社会主义伟大胜利——在中国共产党第十九次全国代表大会上的报告（2017 年 10 月 18 日）》，《人民日报》2017 年 10 月 28 日第 1 版。

理性能，而广义的产品质量其实还包括相关的服务质量。良好的产品质量，是提升企业竞争力和塑造品牌的基础。这是因为对消费者而言，商品的质量直接决定了消费所获得的感受度，较高的产品质量会让消费者产生"物超所值"的感觉，从而直接提升消费者的满意度，并获得消费者对产品较高的主观估价。毫无疑问，在产品价格相同的情况下，质量越高的产品竞争力越强。而在现实中，高质量的产品即使价格较高，其竞争力在很多情况下也高于价格低的产品，这是因为理性消费者在购买商品时，主要以产品的性价比为衡量标准，产品质量高意味着产品的性能高，在这种情况下，其价格适度高一些也是自然的。从国内外一些顶尖企业发展经验看，企业发展初始往往高度重视质量因素，并以质量为基础塑造品牌，进而逐步发展成竞争力强的大型企业。质量和品牌之间的关系极其紧密，这是因为品牌知名度和影响力的扩张是一个漫长的过程，在发展的初期，相对于竞争对手，一个企业在技术方面不占优势或者不具备压迫性优势的情况下，质量便是竞争力最主要的来源，而在品牌成长和企业发展过程中，稳定的高质量则是保证这一进程进展顺利的基础。

强化质量对我国制造业强国战略具有重要意义。尽管很长时间以来，我国政府部门高度重视产品质量，采取了广泛措施对产品的质量进行宏观行政性管理和监督，督促企业提高产品质量，但是，长时间的粗放型经济发展模式，使企业习惯了"大进大出"、通过大量生产销售产品来弥补单位产品利润率的盈利模式，而这一模式的主要副作用之一便是导致产品质量维持在较低水平。这是因为注重产品质量往往意味着提高了单位产品成本，这对单位产品盈利率很低的企业而言是难以接受的。当然，不可否认，在各项质量管理政策和措施的推动下，我国企业产品的总体质量比 20 世纪 80、90 年代大幅提升，但是这种产品质量是以合格作为基准的，而这个标准对需要参与国际竞争和树立品牌的企业而言，仅仅是个起步标准。这就意味着我国产品质量标准普遍低于国外的情况加剧了我国产品质量问题。需要特别指出的是，强化质量是所有企业都了解，但很多企业无法坚持的发展战略，许多企业在发展过程中都曾将提高产品质量作为企业发展的重要目标，但是在面临外部环境恶化、自身经营困难的时候，往往无法坚持质量第一的信念，而采用偷工减料、材料以次充好等方式降低成本，达到保证企业利润稳定的目的。然而这种短期化的行为给企业带来的综合成本很高，往往使得企业之前很长时间积累的声誉在很短时间内便化为乌有，影响到品牌的美誉度，最终使企业无法继续成长。

另一方面，尽管我国工业产品国际竞争力很高，并以"物美价廉"而闻名，但是就产品质量而言，其质量还是与国外知名企业有差距。造成我国"物美价廉"优势的原因较为复杂，部分原因是我国的各类生产要素具备成本优势如低廉的劳动力成本，因此在很长时间内我国企业能够保持低成本这一优势。然而，这一"优势"从另外一个角度反映的现实是，我国产品的国际竞争力其实很低，"物美"只有在"价廉"的前提下才能显示出来，如果价格提高了，产品根本就无法和发达国家的对手相比。刨除技术因素和品牌差距，造成国内和国外企业竞争力差距的重要因素便在于质量。在产品质量达到一定水平基础之上，再提高产品质量可能会带来成本的大幅提高，这对于核心竞争力不强的中国企业来说无法承受，但是对具有核心竞争力、具有较强产品溢价的企业来说则是完全可以承受的。换句话说，质量提升固然会带来成本的攀升，但是也会带来价格的大幅提高，当然使后者成立的前提是市场接受这一较高的产品溢价，而这在现实中往往依靠企业在长时间对质量的坚持基础上形成的品牌优势。

强调甚至在很大程度上仅仅强调成本竞争力，与我国处于粗放型发展方式，属于"世界工厂"而非严格意义的全球制造业中心的状况相一致。而在经济发展需要转型、制造业发展追求向产业链两端转移的情况下，我们必须在微观层面转变企业极端追求低成本竞争力（不管是主动还是被迫）的状况，转而追求企业的核心竞争力。而支撑核心竞争力的要素，除了技术创新之外，质量和品牌都是其构成要素。在技术创新短时期不能取得质的突破的情况下，依靠较高的质量提升企业品牌，成为我国企业获得核心竞争力的重要途径。同时，即便在技术方面取得突破，也不能在质量方面放松要求，二者只有共同作用形成协力，才能在最大限度上强化核心竞争力。

（二）依托工匠精神培养，努力追求质量提升，是建设制造业强国的重要途径

工匠精神和产品质量之间具有紧密的联系。工匠精神的内核是"精益求精"和"专注"，在产品层面主要针对的对象是产品质量。精益求精主要强调了对产品品质提升永不满足的精神追求，专注则强调了企业对核心业务的坚持。在工匠精神的这两个特质的支撑下，

一个企业的产品品质能够始终如一地保持在很高的水准，进而使一个企业具备超长的寿命。在以工匠精神著称的德国和日本，其长寿企业的比重明显高于其他国家，这与很多企业坚持工匠精神，多年来专注于某一领域，不进行多元化经营，同时又在产品品质上持之以恒地进行打磨有关。其实，德国和日本的工业发展模式与美国为代表的空心化发达国家截然不同，这两个国家都保留了较大规模的工业体系，工业一直在国内生产总值中占据重要比重。而能够保证这两个国家采取这种工业发展模式的原因便在于，尽管这两个国家在劳动力等要素成本方面没有优势，但是由于诸多制造企业高度强调产品质量，其产品在全球竞争力首屈一指，弥补了其成本要素高的劣势，因而其工业的制造环节得以保留。当然，这两个国家工业发展模式与美国另外一个不同之处在于，它们在最前沿技术和新兴产业方面，都处于一个与美国相比落后的局面。在一定程度上可以说，德国和日本在制造业方面取得成功，最核心的支撑要素便是工匠精神。

与德国和日本相比，我国企业普遍缺乏工匠精神。改革开放以来，乡镇企业、三资企业和民营企业迅速发展起来，但是我国企业普遍走的是外延性扩张的模式，以便在最短时间内实现企业规模的扩大和利润总额的提升。同时，在急于追求经济增长的宏观环境下，全社会在不知不觉中形成了一种"着急"的心态。这一心态的优点在于激励人们不断去尝试和追求，而其缺点在于使社会缺乏一种专注的精神，使得工匠精神缺乏了形成和发展的土壤。纵观改革开放以来我国企业的发展史，那些崛起的大企业绝大多数都是通过资本运营实现了规模的扩张，且在发展进程中都存在不同程度的多元化，专注于某一领域且能够发展成功的企业则很少。

在我国当前的经济形势下，加强工匠精神的培养，带动产品质量的提升，进而促进品牌的兴起成为提升我国产品竞争力的重要策略。在这里，我们必须强调，工匠精神在现代经济体系下已经和作坊时代的初始含义有所不同，它在内涵上已经脱离了人格化特征，而纳入企业文化之中，进而使其和企业的发展协同性更强、相互促进作用更显著。当然，工匠精神的培养不仅仅是企业的事情，还需要全社会的积极参与，政府在其中要起到加强宣传工匠精神文化、引导全社会接受和自觉行动的作用；学校要起到从小培养学生具备工匠精神的思想基础的作用，这方面对部分学校特别是职业性学校要求更高。具备了工匠精神，则产品质量持续提升具备了坚实的基础，在持之以恒地对质量坚持的基础上，企业品牌影响力自然会不断扩大。当前阶段，我国只有海尔、华为等少数竞争领域的企业品牌获得国际影响力，多数企业品牌的国际影响力很弱。例如，2017年入选《财富》500强的中国企业超过100家，而入选由世界品牌实验室发布的世界品牌500强的中国企业却只有37家[①]，我国企业品牌的影响力远远不能和企业规模的影响力相比。即使从国内影响力看，虽然越来越多的企业意识到品牌的重要性，但是很多有全国或者区域影响力的品牌在经历过一段时间的辉煌后，就会因为品牌背后缺乏产品质量的持续支撑使品牌影响力无法持久。而在"工匠精

---

① 《连续14年跟踪研究——世界品牌实验室发布2017年世界品牌500强》，https：//news.qq.com/a/20171222/015651.htm。

神培养——产品质量提升——品牌影响力扩大"的模式下，我国的企业则有望逐步走出这个困境，会有更多的中国企业逐渐成为具有世界影响力的企业，真正成为"又大又强"的企业。

二、加快发展先进制造业

十九大报告提出要"加快建设制造强国，加快发展先进制造业"，[①]在这里，笔者将着重就推进互联网、大数据等新技术实体经济深度融合和大力发展新兴产业问题进行讨论。

（一）加快互联网、大数据等与实体经济的深度融合，推动实体经济发展

下一代互联网、大数据、云计算等新兴技术的出现，使其与实体经济的深度融合潜力不断加深，以"互联网＋"为代表的传统产业与新兴技术融合的新型业态已经展现出强大的生命力和巨大的发展前景，在产业规模迅速扩张的同时，深刻改变了人们的生活、生产方式，并对旧的业态产生了破坏性影响。今后我们要继续坚持这一发展方向，加快这些技术和传统产业的融合，通过颠覆性业态革新推动实体经济发展。在这里，我们以"互联网＋"为例，对此问题进行讨论。

1."互联网＋"的迅速发展及其影响分析

所谓的"互联网＋"，按照马化腾在 2015 年给出的定义，是指"以互联网平台为基础，利用信息通信技术与各行业的跨界融合，推动产业转型升级，并不断创造出新产品、新业务与新模式，构建连

---

① 习近平：《决胜全面建成小康社会　夺取新时代中国特色社会主义伟大胜利——在中国共产党第十九次全国代表大会上的报告（2017 年 10 月 18 日）》，2017 年 10 月 28 日第 1 版。

接一切的新生态"。^①"互联网 +"的本质是虚拟经济与实体经济的深度融合，主要体现为新的范式革命和新一代基础设施的出现，并以超出人们预期的速度发展，其广阔的发展空间已经开始迅速展现。

其中，最为典型的行业是电商，即"互联网 + 商业"的模式，这是最早出现的，也是人们最熟悉的"互联网 +"模式。作为一个业态创新，它颠覆了人们的购物模式：借助互联网相关技术和平台，实现消费者和销售商之间在虚拟平台上的直接交易，通过快递等方式将商品直接送货上门，消费者在整个购买过程中，可以做到足不出户，这与传统的商业模式完全不同。当然，我们所说的这个业态主要是指网络零售，即 B2C，广义上的电子商务除此之外还包括 B2B、C2C 等方式，只是 B2C 方式为人们更熟悉。正是由于电子商务无法比拟的消费便利性，它自出现开始便迅速发展，到现在其规模已经很大。根据《2016 年度中国电子商务市场数据监测报告》的数据，2016 年我国电子商务交易额达到 22.97 万亿元，同比增长 25.5%，其中，B2B 市场交易额为 16.7 万亿元，网络零售交易额为 5.3 万亿元，生活服务 O2O 交易额为 9700 亿元。^②而根据《2018 年国民经济和社会发展统计公报》的数据，2018 年我国社会消费品零售总额为 380987 亿元，网络零售交易额占 18.4%，其比重已经相当高。

随着电子商务的普及，它已经开始深深改变人们的消费方式。

---

① 《马化腾："互联网 +"能促进传统行业与互联网不断融合》，http://finance.huanqiu.com/roll/2015-05/6531181.html。

② 《2016 年中国电子商务交易额 22.97 万亿元 同比增长 25.5%》，http://www.chinanews.com/cj/2017/05-24/8233296.shtml。

越来越多的人开始选择网络购物的方式，一些新兴的消费文化开始逐渐形成，例如最为典型的便是每年的 11 月 11 日（光棍节）成为广大网络购物消费者的节日，在短短 1 天时间内，其销售额就能达到惊人的数字，且这一数字每年都以较快的速度增长。据统计，2017 年"双十一"期间，两大主要电商平台阿里和京东销售额分别达到 1682 亿元和 1271 亿元[①]，这一数据相比之前几年大幅提高。电子商务的发展，对整个产业体系的影响非常大，一方面，它体现为对传统零售行业的排挤作用，大量小型零售企业因此倒闭。这种对实体销售部门的排挤作用，也引发了一些关于电子商务产业发展对经济的贡献率究竟有多大的质疑。不管如何，电子商务无疑对传统零售企业形成巨大压力，部分大型零售企业如国美、苏宁等为了应对这一压力，也建立网络销售体系，以便化解来自新业态的强力竞争。当然，也有部分商业企业积极发挥自身作为实体店具备真实消费体验的优势，针对网络销售企业消费无法在购买过程中达到真实消费体验的弱势，通过不断强化销售过程中消费者的体验，使其成为购买商品所包含的不可替代的价值组成部分，从而有力对抗了电子商务的竞争，获得了较快的发展。另一方面，电子商务的快速发展，也带动了一些相关产业，特别是快递产业的迅速发展。

除此之外，"互联网 ＋"在其他领域也得到广泛发展。在交通运输领域，"互联网 ＋"相关的各项新型业态在短短几年就得到普及并改变了人们的生活，其中最为突出的便是共享单车、"互联网 ＋ 出

---

① 《阿里成交 1682 亿元　京东交易 1271 亿元　各自优势品类持续》，http://finance.china.com.cn/consume/20171112/4433701.shtml。

租车"等形式的交通服务。在传统出租车领域几经改革也不令人满意的情况下，"互联网＋出租车"的新型业态迅速改变了整个产业的发展趋势。在工业领域，"互联网＋"的进一步推进，使信息化和工业化融合的趋势进一步加深，并对企业的运营产生了深刻影响。例如，建立在"互联网＋"模式下的小米，在很短时间内就取得了竞争对手积累多年才能获取的成果，恰恰与其独特的新的运营模式相关。在金融领域，"互联网＋"表现出独特的竞争优势，这主要体现在几方面：一是极高的融资效率，互联网金融改变了传统资本市场融资慢、成本高的弱点，通过供给和需求方的直接匹配，大大提高了融资效率，尤其在满足临时性、短期性、紧急性的融资需求方面优势更为明显；二是对于市场机会的寻求更具优势。传统的资本市场，其整个信息决策系统停在传统阶段，在瞬息万变的市场变化面前主动寻求发展机遇的能力弱，而新兴的金融利用信息优势，大大提升了决策的效率。正是这些优势，使互联网金融具有广阔的发展空间。另外，在农业等领域，"互联网＋"也表现了巨大发展空间。

但是，从当前的发展来看，"互联网＋"对产业发展的作用主要体现为业态创新，对企业内部的技术创新作用尚不明显。它对传统产业模式的破坏性影响，也降低了其对整体经济的推动作用。同时，这些新型业态的发展，对产业监管、配套政策提出了新的挑战。例如，在互联网金融领域，由于缺乏有效的监管，已经产生了在传统业态下所没有的风险，互联网金融相关的负面消息不断；共享单车在便利人们出行的同时，也引发了乱停车、随意占用公共空间的一系列问题。这就要求相关业态在发展的同时，相关的治理体系和配套服务要跟上。

2. 未来"互联网+"的发展

到目前为止，"互联网+"仅仅处于起步发展阶段，其巨大的发展潜力尚未得到完全发挥。其实，从互联网产生以来，加强其与实体经济融合便受到各国的重视，其中我国提出的工业化与信息化的"融合"实质是互联网与实体经济的融合。但是，整体来看，互联网与工业的融合依然停留在较浅层次，而今后深入融合的主要方向便是使互联网与整个实体经济生产过程实现更多方位、更深层次、更系统性的融合，促进整个生产体系全员生产效率的大幅提升。具体来说包括以下几方面。

一是企业运营模式的改变。传统的企业运营模式中，企业产品设计、生产过程尽管也会尽力贴近消费者需求，但是二者在时间、空间等多维度上存在着距离，因此整个产品设计和生产过程由企业主导，消费者多角度的精确需求无法得到精准满足。而在互联网推动下，这一状况已经发生改变，例如小米手机在产品功能设计过程中，通过相关媒体平台及时获取消费需求意愿，使生产设计过程在一定程度上实现消费者主导，这也成为小米手机快速发展的重要因素。而在未来，这一模式有望进一步向深度和广度扩展，消费者对企业生产过程设计的参与程度持续加深，消费者与企业之间的互动将更加无缝化、频繁化，越来越多的企业可能通过这一方式解决供给和需求之间的结构性差别问题，提升供给效率。二是企业内部与外部界限、互联网企业与制造企业界限发生模糊。在新一代信息技术的应用普及之下，制造企业内部与外部之间的边界变得模糊不清，例如在供应链方面，现代信息技术使整个供应系统的效率发生深刻变革，企业内部创造的价值与外部创造的价值正在打通，产品经营与资本经营也在融为一体[①]，这就导致企业内部和外部正加速结合，以资本模式衡量的企业边界正在模糊化。同时，由于互联网与工业的融合，互联网企业能够以很高的效率组合工业生产的相关环节从而进入工业制造领域，而工业制造企业也会因为向互联网领域延伸成为互联网企业，二者之间的界限正在消失。三是企业组织资源的方式发生了改变。新一代互联网使工业企业实现智能化成为可能，即实现生产设备与人力资源的一体化，将自动化技术、传感技术、数字制造技术以及控制技术等各种新技术融合，实现涵盖产品设计、产品生产以及售后服务完整产业链的智能控制，保证人、财、物的优化利用与各种相关信息的集成，从而大幅提高生产效率。[②]

在这里，我们要特别强调，通过物联网、人工智能等技术共同与实体经济融合，将会创造代表整个工业生产革命型变革的新生产方式，即德国"工业4.0"。德国"工业4.0"包括几个含义：其核心为信息物理系统（CPS），这是将网络、计算和物理环境融于一体的复杂系统，主要包括智能机器、存储系统和生产设施等，并能够实现整个系统的实时感知、动态控制以及信息服务等功能；智能化生产和智能化工厂是这一系统的两大主题，即整个生产系统、生产

---

① 李海舰、田跃新等：《互联网思维与传统企业再造》，《中国工业经济》2014年第10期。
② 童有好：《我国互联网＋制造业发展的难点与对策》，《中州学刊》2015年第8期。

过程和生产设施的分布都发生很大变化。[①] 德国"工业4.0"对整个工业生产产生了深远影响： 是生产效率大幅提升，人在生产中的地位发生革命性变化。自动化生产使生产过程中许多单调重复性工作都交由机器完成，既减少了人体的不适，又大幅提高了生产效率。理论上来说，随着机器的应用和自动化生产技术水平的提高，大量的工作岗位将有可能被机器代替。当然，目前来看，完全实现理想状态下的自动化生产还需要较长的时间，但是随着生产系统的进步和相关技术的成熟，大量的工作将由机器替代人工完成。因为机器替代人工具有巨大的经济潜力，既能大幅降低劳动力成本，又能大幅提高生产的精度和效率，降低工业生产的成本。当然，这个系统也不能缺少人，人主要从事系统控制，成为问题解决者，同时在理想状态下，人可以远离现实的生产环境，实现虚拟操作。这一变化将大大降低劳动力标准，许多妇女和老年人也具备重返工作的条件，这对劳动力较为缺乏的发达国家而言，将十分有利。[②] 二是德国"工业4.0"使大规模个性化定制生产成为可能，且转换成本可以忽略。在这一生产系统下，只需要修改生产参数，即能生产出个性化产品，而且这种转换的成本极低，这将对工业化生产—需求关系产生重大影响。

德国"工业4.0"的出现，有着深刻的背景因素。一方面，德国劳动力成本处于持续上升趋势，这对其工业竞争力造成不利影响，

①杜传忠：《德国工业4.0战略对中国制造业转型升级的借鉴》，《经济与管理研究》2015年第7期。

②王喜文：《德国工业4.0背后的秘密》，http://www.ceocio.com.cn/property/industry/2014-08-05/144306.shtml.

德国需要通过技术创新来化解这一问题。另一方面，与美国等采取产业空心化战略的发达国家不同，德国依然保留了完整的工业体系，其工业整体竞争力一直在全球保持领先。但是，美国在工业领域着重发展新兴产业及传统产业的高端环节，在整个工业体系的创新方面远远超过了在生产环节深耕细作、在新兴产业及传统产业革命性创新方面处于落后的德国。随着美国等国家在物联网等方面加紧布局，这些领域与制造业融合的趋势逐步加速，对德国未来发展进一步构成威胁。为了扭转自身在新兴产业方面与美国等国家的差距，同时为了提高制造业的效率和竞争力，德国结合自身的先进制造技术与具有技术优势的 ICT 技术（信息通信技术），提出了德国"工业 4.0"计划。[①]

德国"工业 4.0"模式为我国未来工业生产的发展提供了很好的借鉴。作为一个工业大国和人口大国，我们的工业化未来发展不可能采取空心化模式，而必须保留甚至需要不断扩大生产环节，以满足就业的需要。而我国面临着类似于德国的情况，即由于劳动力数量处于快速下降的趋势，且在未来一二十年内这一问题有可能会变得极为尖锐，因此劳动力成本上升已经常态化，这已经成为推动生产成本持续上升的主导性因素之一。另一方面，德国"工业 4.0"通过发挥发达国家先进的生产技术和知识技能积累优势以及化解自身劳动力成本过高的优势，使阻碍发达国家大规模再工业化的前提消失。这一情况一旦成为现实，将大大削弱我国的工业竞争力。这

---

① 黄阳华：《德国"工业 4.0"计划及其对我国产业创新的启示》，《经济社会体制比较》2015年第 2 期。

两种情况从一正一反两方面要求我们必须借鉴德国"工业 4.0"模式，探索中国工业生产高质量发展的新模式，以互联网和实体经济深度融合为手段，提升工业产品竞争力。

（二）抢占经济制高点，培育新的经济增长点

十九大报告提出要"在中高端消费、创新引领、绿色低碳、共享经济、现代供应链、人力资本服务等领域培育新增长点，形成新动能"。[①] 要达到这一点，很大程度需要促进新兴产业和前沿技术发展，占领产业制高点。而抢占产业制高点将给经济发展带来额外推动力。

新兴产业和新兴技术代表了未来发展的趋势，如果一个国家在发展进程中，在这方面占据了优势，则在未来国家经济竞争中，将处于优势地位。如果新兴产业的发展达到了理想状态，则会推动经济以超常规的速度持续发展较长时间，这正是新兴产业战略地位所在。这一点，最典型的案例便是信息革命下的美国。从 20 世纪 80 年代开始，信息革命开始逐渐显现，并在 90 年代迎来快速发展时期。作为信息革命的重要发起和受益国家，美国的经济发展深深受益于这一革命。据统计，1991 年到 2000 年的十年是美国经济发展的"黄金十年"，年均经济增长率达到 3.5% 以上，失业率则保持在较低水平。[②] 而在国际金融危机后，随着信息技术革命对经济发展作用逐渐发挥殆尽，同时缺乏一个新兴产业继承信息技术继续推动经

---

① 习近平：《决胜全面建成小康社会　夺取新时代中国特色社会主义伟大胜利——在中国共产党第十九次全国代表大会上的报告（2017 年 10 月 18 日）》，《人民日报》2017 年 10 月 28 日第 1 版。
② 李天真：《美国经济启示录："新经济"崛起背后的逻辑》，http://news.xinhuanet.com/fortune/2015-02/17/c_127505748.htm。

济体系以超常规速度发展，导致美国乃至全球经济都受到了影响，不仅美国经济增长较为乏力，全球经济发展速度都无法恢复之前的较高速度。

对于处于追随地位的发展中国家来说，大力发展新兴产业和新兴技术是一项难度相对较低、收获却颇丰的战略选择。但发展中国家突破发达国家在成熟产业方面的技术壁垒，实现技术方面的赶超难度很大，这是因为发达国家在自身发展进程中，为了维护自身在产业链中的有利地位，通过强化专利池、技术和产业标准等一系列方式人为加大后发者赶超的难度，最大限度地保护自身技术领先优势。而在新兴产业和新兴技术方面，尽管发达国家在这方面具有一定的优势，如发达的研发体系有利于发达国家在新兴产业和新兴技术方面取得领先地位，但是相对而言，发展中国家和发达国家在新兴产业和新兴技术的差距不大，大家都是在同一起跑线上竞争，因而相对于成熟产业，发展中国家更容易在这些领域取得突破。根据有些学者的研究，美国和德国在 19 世纪末 20 世纪初实现了对英国的技术和经济反超，并不是在当时成熟产业方面直接与英国竞争获得优势，而是通过在当时新兴产业方面超越英国而获得了技术优势，进而在经济规模上逐步超越了英国。[①]换个角度说，如果发展中国家再次在新兴产业竞争中失败，则会继续在产业分工体系中居于不利地位，反之如果发达国家失败，则其领先地位就可能被超越，而在国际分工中丧失有利地位。因此，各个国家纷纷采取各种措施，力

---

① 贾根良：《美国经济崛起时期自主创新的成功经验与启示》，《教学与研究》2011 年第 8 期。

图使自己在这场竞争中获得成功。

我国很早就意识到新兴产业对经济发展的作用，并一直非常重视采取广泛措施促进新兴产业发展。例如，早在 2010 年，国务院曾经出台了《国务院关于加快培育战略性新兴产业的决定》和《战略性新兴产业发展"十二五"规划》，确立了节能环保、新兴信息产业、生物产业、新能源、新能源汽车、高端装备制造业和新材料等 7 个产业作为战略性新兴产业，重点加以扶持。这几个产业是在当时全球技术前沿基础上，结合经济发展趋势，而圈定的几个最具发展潜力、最有现实发展可能性、对未来经济发展最具决定作用的产业。但是随着技术的发展，一些新的技术、新的产业不断涌现，而这一轮产业发展不像信息革命那样主线突出，而很可能是多个产业共同发展，形成多个核心共同推进的局面。而随着我国步入新常态，经济转型的压力逐步增加，经济增长速度呈现下降趋势，通过发展新兴产业获得经济发展的额外动力，实现经济较快发展与经济质量同步提升，便显得尤为重要。只是在未来发展中，我们要注意几个问题。

一是要尊重新兴产业发展规律。新兴产业的最大特点之一便是不可预期性强，其发展的方向不可预测。因此，人们很难在事前对哪些新兴产业能够发展起来、某一新兴产业会不会沿着某条技术路线发展进行准确预测。在这时，政策的扶持就要尽量停留在粗略层面，将其具体发展动向等方面的选择权交给市场，由市场自身去选择，以避免由于政府引导作用过强导致资源过分集中于某些产业或者某些技术，以降低由于预测失误而带来的各种风险。

二是在新兴产业发展方面，要把握好扶持的"度"。我国战略性新兴产业发展的重要问题是政策对于产业发展优惠过多，各个地方一哄而上，结果导致许多新兴产业在市场未充分开拓、技术未成熟、国内企业还没掌握核心技术的前提下，便快速实现了产业规模的扩张，特别是产业的加工组装及其他低技术环节，部分产业在较短时间内出现了产能过剩的局面。在这种情况下，我们未来对新兴产业的扶持力度要保持在合理水平，在产业发展布局上要进行充分引导，促进产业健康可持续发展。

三、继续推进"三去一降一补"纵深改革

尽管"三去一降一补"在两年时间里取得了明显成效，但是这些成效主要体现为短期成效，要真正推动这些改革取得"质变"成效，依然需要继续加强改革。

（一）当前经济发展对供给侧结构性改革提出新的要求

随着我国社会主义建设步入新时代，经济发展由高速增长阶段向高质量发展阶段转变，经济发展有了新的特点，从而对我国的供给侧结构性改革提出了新的要求。一方面，经济转型进入加速阶段，实体经济面临暂时性困难。通过经济增长模式由粗放型向集约型转变，实现经济发展质量提高，是我国当前经济发展进程所属的节点。从全球经济发展的经验看，转型需要付出代价，其中赶超型经济体的转型代价表现得尤为显著。这些代价主要体现为部分企业无法适应转型的宏观趋势，而面临倒闭的困境；而即便是幸存的很多企业，在低成本竞争力无法维持的情况下，也难以及时培养以技术创新为依托的核心竞争力，产生综合竞争力短期内下降的问题，这些问题

累积起来便导致实体经济出现暂时性困难。

另一方面，随着人均收入的持续增加，人们的消费能力逐渐提升，在跨过一定的临界点后，消费升级的趋势显著加强，人们对于产品和服务的需求发生了一系列变化，既包括消费对象结构的升级，也包括消费方式、消费理念和消费层次的变化。[①]需求的变动，必然会要求供给与之匹配，但是由于供给体系面临着转型，在这一过程中会出现一定的结构性错配。

这两方面的变化，要求我们必须坚持供给侧结构性改革，促使改革不断深化发展。首先，只有从供给侧结构性改革的深层次因素入手，才能解决制约我国转型发展的关键性问题，真正促进企业核心竞争力的转型。从长远来看，供给侧结构性改革的核心问题在于提高技术创新能力。这是因为，一方面随着经济的发展，技术创新在经济发展中的贡献度不断提高，相对于土地、资本、劳动等要素，技术创新对经济的可持续发展及发展质量的作用日益提升。特别是随着20世纪90年代信息技术革命的兴起，新兴产业对经济发展的作用呈现不断增强的趋势且表现出较强的"赢家通吃"的特征，而要在未来的产业战争占据制高点，就必须努力在不断涌现的新兴产业中占得先机。另一方面，随着我国社会主要矛盾转变为人民日益增长的美好生活需要和不平衡不充分的发展之间的矛盾，要满足人们日益升级的消费需求，就需要供给体系以技术创新为依托，根据消费者需求差异化的趋势，不断提高产品、服务的质量和档次，增

---

① 关利欣：《全面推动我国消费升级》，《中国社会科学报》2019年2月13日第4版。

加产品、服务的种类，从而消除当前时期存在的供给和需求的结构性矛盾，推动需求和消费之间的动态均衡。而当前阶段，我国技术创新水平的提升受到诸多因素制约，要尽快促进技术创新能力提高，就必须针对相关的问题，深化供给侧结构性改革。

其次，要提升供给效率，需要解决一些深层次性问题，这也需要深化供给侧结构性改革。例如，一直以来我国去产能成效不佳的重要因素在于地方政府协同推进能力不强，而导致这一问题的根源在于部分地区的经济高度依赖于钢铁、煤炭等容易产生产能过剩的产业，严格的去产能的措施，会导致部分地区经济增长受到影响。再如，导致我国房地产库存问题较为突出的深层次原因在于地方政府在当前的分税体制下无法获得与其财政支出责任相适应的财政收入，因而必须高度依赖于土地转让收入，而这很大程度上就要求土地价格不能降低。这些深层次的因素很难在短期内通过改革予以解决，只能通过深化供给侧结构性改革，逐步予以缓解，直至根治。

（二）当前阶段我国供给侧结构性改革的主要任务

依照"巩固、增强、提升、畅通"的方针，结合我国当前经济状况和未来发展趋势，笔者认为，未来深化供给侧结构性改革的主要任务包括如下几部分。

1. 巩固供给侧结构性改革已经取得的成果，继续推进"三去一降一补"的相关举措

我国供给侧结构性改革在过去三年多的时间所取得的成绩，是在面临着多方面的挑战、牺牲了一定的经济增长速度才取得的，客观上推动了我国产业结构升级和转型发展。但是，当前经济增长由

高速向中高速转变趋势凸显，客观上增加了"保增长"的压力。从我国最近几年经济走势看，2015 年我国经济增长率为 6.4%，2016 年为 6.7%，2017 年为 6.8%（2019 年 1 月国家统计局最终核实后的数据），2018 年初步统计为 6.6%。这样连续四年我国经济增长率低于 7%，与高速增长阶段年均 8% 以上增速相比，有了显著下滑。根据以往的经验，在经济增长速度较低的时期，各级政府特别是经济增长速度下滑幅度较大地区的地方政府部门，往往会在落后产能监管、新产能进入、环保执行等方面降低标准，结果导致落后产能卷土重来，并继续推高过剩产业的总产能标准，从而再度加重去产能的压力。同时，最近一两年，随着经济增速的下降，特别是受到美国发起的贸易战的影响，"保增长"压力不断加大。在这种情况下，我们就必须强调巩固供给侧结构性改革已经取得的成果，防止各级政府部门在相应的经济发展调控过程中，进行与供给侧结构性改革反向的政策操作，侵蚀已经取得的成果。

经济增长由高速向中高速转变，是我国经济步入新常态的主要外在特征之一，我国最近几年的经济走势正是这一特征的反映。对此，我们必须保持战略定力，即便在推出稳增长措施时，也应注意巩固供给侧结构性改革的相应成果，不能走回头路，而应促进"三去一降一补"的纵深改革。在十九大报告中，提出要"坚持去产能、去库存、去杠杆、降成本、补短板，优化存量资源配置，扩大优质增量供给，实现供需动态平衡"。[①] 对此，"三去一降一补"纵深改革

---

① 习近平：《决胜全面建成小康社会 夺取新时代中国特色社会主义伟大胜利——在中国共产党第十九次全国代表大会上的报告（2017 年 10 月 18 日）》，《人民日报》2017 年 10 月 28 日第 1 版。

应主要强调如下几方面。

一方面，采取进一步措施推动去产能。去产能依然是未来供给侧结构性改革的重点。我国去产能方面采取的措施，主要是通过各项行政措施在短期内取得的，造成产能过剩的体制性因素并没有真正改革到位。一旦经济步入上行周期，相关的行政管制放松，产能有可能依然会持续上涨，从而使产能过剩问题卷土重来。同时，在我国经济步入新常态之后，对部分过剩产能的需求会呈现总量下降、结构性调整的状况，这会导致在经济进入下行周期后，产能过剩的状况更加突出。在这种情况下，我们必须继续坚持去产能，特别是深入其中的深层因素。其中，"僵尸企业"的处理将成为这方面的重点任务。在 2017 年 12 月举行的中央经济工作会议上，将处理"僵尸企业"作为去产能的重点措施，提出"大力破除无效供给，把处置'僵尸企业'作为重要抓手，推动化解过剩产能"。①

关于"僵尸企业"的定义，有许多不同的定义，但是其定义在内涵上却相当一致，符合三部分内容的企业可以定义为"僵尸企业"：一是企业负债很高，且无法通过正常的经营合理化解；二是企业难以倒闭，这往往与政府的要求或者支持有关；三是企业经营效率较低，重生机会较少。②而 2016 年 2 月 25 日在国务院新闻办公室新闻发布会上，对"僵尸企业"给出了官方定义，即"已停产、半停产、连年亏损、资不抵债，主要靠中央政府补贴和银行续贷维持

---

① 《中央经济工作会议在北京举行》，《人民日报》2017 年 12 月 21 日第 1 版。
② 参见鲍世赞、蔡瑞林：《僵尸企业成本外部化及其市场失灵纠正》，《改革》2016 年第 9 期。

经营的企业"。①"僵尸企业"对经济体系的负面作用主要体现在占据大量的资源，提供低效的供给，并扭曲了市场规律，影响了整个行业乃至整个经济体系的健康发展。例如，有的研究表明，"僵尸企业"对非国有民营企业的投资构成明显的挤出效应，且这一效应在政府对经济的干预程度和融资对外部依赖程度较高的地区表现尤为明显，因此可以在一定程度上认为，近几年的民间投资持续低迷与"僵尸企业"存在有一定关系。②

关于"僵尸企业"的数量，到现在没有一个权威的数据。有的学者以生产价格指数变化作为依据制定的"僵尸企业"标准，发现"僵尸企业"主要分布在煤炭开采和选洗业、黑色金属矿采选业、橡胶制品业、非金属矿物制品业、黑色金属冶炼及压延业、金属制品业等行业；而根据扣除非经常损益后每股受益连续三年为负数的标准衡量的"僵尸企业"，在沪深两市的主板企业中有266家，占企业总量的10%左右，③可见"僵尸企业"的数量较多。关于我国"僵尸企业"的成因，有的学者归结为地方政府干预过度、公司治理结构畸形、偿债能力不足和缺乏退出机制几大主要因素。④地方政府干预过多主要体现为地方政府为了自身政绩盲目扩大企业规模，同时动用企业的发展资金支援地方建设，从而加重企业负债；公司治理

①《去产能，政府不搞拉郎配（在国新办新闻发布会上）》，《人民日报》2016年2月26日第2版。

②谭语嫣、谭之博、黄益平等：《僵尸企业的投资挤出效应——基于中国工业企业的证据》，《经济研究》2017年第5期。

③邓洲：《我国处置"僵尸企业"的进展、困境及对策》，《经济纵横》2016年第9期。

④叶子祺、刘鹏：《我国地方国有"僵尸企业"形成的主要原因及解决对策》，《对外经贸》2016年第7期。

结构畸形是指公司治理结构不合理，不足以约束和有效激励企业的主要管理人员，从而使企业的经营陷入不利局面；偿债能力不足主要是有两个因素，一是地方政府为了社会稳定，干预国有企业的裁员行为，从而加大企业负担；二是国有企业承担了非国有企业的社会责任，这也加剧了国有企业债务负担。[①]

由于"僵尸企业"数量多、危害大，因此成为供给侧结构性改革中的一个重点问题。在2015年12月，国务院常务会第一次提出解决"僵尸企业"的问题；2016年1月，国资委部署的年度任务中，就将处理"僵尸企业"的问题列为排名第2的重点工作，提出力争在3年内基本解决"僵尸企业"问题；2016年5月，国资委公布了345家中央及下属"僵尸企业"的定性、工作任务等。[②]之后，"僵尸企业"的整治工作一直作为一项重点工作被强调，如2019年出台的《关于做好2019年重点领域化解过剩产能工作的通知》，就再次强调要注重"加快分类处置'僵尸企业'，确保2020年底前完成全部处置工作"。整体来看，解决"僵尸企业"还是面临较多的困难，特别是由于"僵尸企业"往往涉及复杂的历史遗留问题、职工安置问题，加上"僵尸企业"往往是国有企业，在破产方面存在较多困难，导致这一问题的处理较为棘手。

而要解决"僵尸企业"问题，应从多方面入手。一是要坚持分类处置的原则。表面看来，"僵尸企业"都差不多，但是仔细分析，

---

① 叶子祺、刘鹏：《我国地方国有"僵尸企业"形成的主要原因及解决对策》，《对外经贸》2016年第7期。
② 邓洲：《我国处置"僵尸企业"的进展、困境及对策》，《经济纵横》2016年第9期。

不同企业形成"僵尸"状态的原因不同、所处行业的发展前景不同、企业经营状况及背后的具体因素各有差异，这就造成不同企业其实有较大不同，有的企业希望通过改革摆脱"僵尸"状态而成为正常的企业，有的企业则根本完全不可能通过改革来解决，最终只能破产。对这些不同企业，就要采取针对性措施，能拯救的拯救，不能拯救的就坚决破产。只有如此，才能真正解决"僵尸企业"问题。二是要将解决"僵尸企业"和加快国有企业改革结合起来，对那些业务性质良好、经过改革能够有望恢复盈利和可持续发展的企业，要积极通过混合所有制改革，引入外部资金，一方面化解企业的债务，使企业脱离高债务的状况；另一方面在保证国有资产保值增值的同时，不断完善国有企业的治理体系，吸收不同所有制的优点，推动企业管理水平和能力的提升，使企业彻底脱离"不死不活"的状态。三是减少地方政府对国有企业经营的不当干预。尽管国有企业具有双重性（企业性和公益性），但是绝不意味着地方政府可以干预国有企业经营，使国有企业成为地方治理体系的工具，从而彻底丧失其"企业性"。只有如此，才能在较大程度上解决国有企业负债过大的问题，从而为解决"僵尸企业"奠定良好基础，并防止以后"僵尸企业"的再度出现。四是加快部分深层次体制改革工作。其中，最为突出的便是制定国有企业退出机制，对于那些完全无望恢复良好经营状态、继续维持企业存在会导致国家资源大量浪费的低效企业，要促进其尽快退出经营领域。

另一方面，推进其他方面更进一步的改革。除了去产能外，在其他方面也需要进一步深入进行改革，特别是一些阻碍供给质量提升的深层次问题。整体来看，在短期内，需要加强防范金融风险、打好精准扶贫攻坚战等任务。而从长期来看，随着时间的推进，一些短期性、迫在眉睫的问题得以解决之后，供给侧结构性改革的重点则转为解决长期性、根本性任务，这其实就是以创新为主要推动因素促进经济转型。由于创新驱动问题在前面已经介绍过，就不再详细介绍。

去库存方面，2017 年 12 月中央经济工作会议提出的主要任务是"加快建立多主体供应、多渠道保障、租购并举的住房制度"[①]。一是要加快发展住房租赁市场特别是长期租赁。住房租赁市场是房地产市场的重要组成部分，但是长期以来，我国房地产市场的发展主要注重与销售相关的市场，对于房地产租赁重视度相对不足。而在房地产价格高企的状况下，要通过促进收入相对较低的农村劳动力向城市转移并在当地定居，借以化解房地产库存居高不下的情况，大力发展住房租赁市场是一项可行性高，并能在短期内取得成效的战略选择。同时，随着房地产市场发展逐步成熟，房地产企业面临着发展转型，对于很多企业而言，单纯依靠住房销售维持企业生存发展的模式已经较难持续，而通过业务转型，转变为专业化的住房租赁企业，则有可能在日益激烈的竞争中谋得发展机遇。而对租房者而言，出租方成为专业化的机构，有效避免了在以个人作为主要出租方的情况下存在的承租者利益不能有效保证、无法长期租赁的问题，因而也会从中得益。而对房地产去库存而言，可以通过房地

---

① 《中央经济工作会议在北京举行》，《人民日报》2017 年 12 月 21 日第 1 版。

产企业的转型或者新进入企业从事专业化房地产租赁服务，迅速将库存的房地产投入使用，就地减少房地产库存数量，其效果立竿见影，且不会对房地产价格构成过于显著的影响，有利于房地产市场的稳定。二是要构建房地产市场平稳发展的长效机制。要构建房地产市场平稳发展的长效机制，需要从多方面入手，其中涉及许多深层次的体制机制问题。例如，地方政府和中央政府的财政事权与支出责任划分不合理，在很大程度上导致地方政府财政困难，进而导致地方政府在不同程度上依赖于土地财政弥补资金缺口的现象。而要建立长效机制，就必须仔细厘清影响房地产健康发展的各项因素，统筹推进相关改革。

去杠杆方面，2017年12月的经济工作会议将"防控金融风险"作为十九大以后三年内的攻坚战的重要内容，提出"促进形成金融和实体经济、金融和房地产、金融体系内部的良性循环"①。在这里，重点讨论金融和实体经济的协同发展问题。一直以来，金融对实体经济的支持力度不足，是阻碍我国经济发展的一个问题。导致这个问题的原因在于我国资本市场不发达，企业高度依赖银行贷款这一间接融资方式，而银行受限于管理制度，对民营企业借贷，形成了"需要资金的民营企业难以获得贷款，而对贷款渴求度不高的国有企业却容易获得贷款"的结构性失衡现象，进一步加剧了金融和实体经济协同度不足的问题。而在去杠杆的前提下，在长期内，重要的措施是要发展直接融资市场，逐步降低企业对贷款的依赖度，同时

---

① 《中央经济工作会议在北京举行》，《人民日报》2017年12月21日第1版。

要进一步优化银行产业结构和管理体制，在控制风险的前提下，促进贷款向实体企业特别是民营企业倾斜，实现金融风险降低和对实体经济支持力度加大的"双赢"效果。

在降成本方面，除了继续加强相关改革，进一步降低企业制度交易成本，继续清理企业需要缴纳的各种不合理税费，减轻企业负担之外，2017 年 12 月中央经济工作会议还特别强调了"深化电力、石油天然气、铁路等行业改革，降低用能、物流成本"[①]。从企业的成本角度看，电力和石油天然气是构成工业企业的重要成本，仅以用电成本为例，2016 年我国工业用电量高达 41383 亿千瓦时[②]，这就意味着，每度电价降低 1 分钱，则可以为工业企业省出 413.83 亿元，而 2015 年我国规模以上工业的利润额也仅为 66187 亿元。另一方面，物流成本过高已经成为制约我国工业发展的一个重要因素。据统计，我国社会物流总费用占 GDP 比重高达 18.0%，明显高于发达国家；发达国家物流成本占最终成本的比重在 10%~15% 之间，而我国制造企业达到 30%~40%。过高的物流成本，侵蚀了企业利润，加重了企业经营的困难，这一点制造业表现得尤为明显。据统计，我国社会物流总费用占 GDP 比例下降 1 个百分点，就会带来 3000 亿元的效益。[③]在这种情况下，加大电力、石油天然气、铁路等相关行业的改革，对于降低企业用能和物流成本将十分有利，从而切实让利于利润率较低的工业企业，促进这些企业转型发展。

---

① 《中央经济工作会议在北京举行》，《人民日报》2017 年 12 月 21 日第 1 版。
② 《2016 年全国用电数据观察》，http://www.coal.com.cn/News/391858.htm。
③ 《中国物流成本高在哪里》，《经济日报》2014 年 11 月 22 日。

在补短板方面，在短期内，十九大报告将精准扶贫作为决胜小康社会的二大攻坚战之一，因此精准扶贫将是未来 3 年内需要完成的最重要任务之一。尽管十八大以来，我国已经实现了 6000 多万人稳定脱贫，贫困发生率从 10.2% 降到不足 4%，但是剩余的贫困人口要么集中在自然条件较为恶劣的贫困地区，要么属于脱贫难度大的特殊人群，要实现稳定彻底脱贫，实现 2017 年 12 月中央经济工作会议提出的"要保证现行标准下的脱贫质量，既不降低标准，也不吊高胃口，瞄准特定贫困群众精准帮扶，向深度贫困地区聚焦发力，激发贫困人口内生动力"[①]，具有较高的难度。而要达到这个目标，就要采取多方位措施，将产业发展、解决就业、困难扶助以及搬迁转移结合起来，根据不同人群、不同地区的特点，进行针对性强、全方位的精准扶贫，确保到 2020 年在现行标准下全部脱贫的目标顺利实现。从长期来说，补短板其实是"三去一降一补"中最重要的部分，因为以技术创新能力不足为主要内容的短板因素，将是直接关系到我国经济转型、产业结构升级的决定性因素，只有真正实现自主技术创新能力的全面提升，达到建成创新型国家的相关目标，我们才能真正实现 2020 年以后"两步走"的战略规划，把我国建成富强民主文明和谐美丽的社会主义强国，实现中华民族的伟大复兴。

2. 以技术创新为主要抓手，逐步推进制造业高质量发展

随着经济的增长，制造业在国内生产总值的比重呈现不断下降趋势，是经济步入高质量后出现的必然趋势。当前全球发达国家的

---

① 《中央经济工作会议在北京举行》，《人民日报》2017 年 12 月 21 日第 1 版。

工业发展模式有两种，一类是以美国和部分欧洲国家为代表的产业空心化模式；另一类是以日本和德国为代表的发展模式。国际金融危机对各国冲击程度各异，在很大程度上表明，产业空心化的国家更容易遭受外部冲击，而保留了工业体系的德国和日本则具有相对较强的对抗危机能力。我国作为具有明显内部发展层次差异化的制造业大国和人口大国，不可能走产业空心化道路，必须保留完整的工业体系，而其高质量发展，应该是依托技术创新，不断提升产品质量、档次和科技含量，提高产业竞争力。

在具体的措施上，一方面应结合"僵尸企业"的治理，不断优化产业发展环境，积极推进公平竞争秩序的构建。"僵尸企业"作为低效率企业的代表，吸收了大量的资源，却难以创造出相应的产出，客观上拉低了供给体系的整体效率，同时对整个产业发展的环境产生了一系列不利影响，特别是这些企业的生存高度依赖于地方政府的各种扶持性措施，影响了竞争秩序。因此，要按照中央经济工作会议的要求，加快"僵尸企业"的处置，不断完善优胜劣汰的环境，促进企业将注意力集中到通过技术创新提升竞争力上来。

另一方面，应根据当前技术创新状况，采取广泛措施，推动技术创新能力提升。从纵向比较的角度看，我国技术创新的投入和产出成果数量方面大幅增加，技术创新能力提升趋势显著。2017 年我国研发投入达到 17606.1 亿元，比 2001 年（1042.5 亿元）名义上提高了 15.9 倍；专利授权数量达到 1836434 件，比 2001 年（114251 件）提高了 15.1 倍。在部分技术领域，我国已经实现了核心技术突破，达到了全球领先水平，其中最为突出的是我国高铁产业，在整车领域已经在较短时间内实现了对发达国家的技术反超，达到引领全球的水平。但是，横向比较看，我国整体技术水平依然与欧美等国家存在差距，不少领域还未实现核心技术突破，在技术方面受制于人的状态尚未改变。在这种情况下，我们就应在之前产业技术政策基础上，针对当前制约我国技术创新能力的难点问题和深层问题进行改革。从当前的重点问题看，应着重对共性技术研发、产学研一体化体系完善以及国家实验室布局等采取一系列措施，促进企业技术创新能力提升。

3. 积极提升企业竞争力，发展更多优质企业，培养新的企业集群

企业作为微观的经济主体，其发展的质量直接决定了宏观经济的质量。因此，采取广泛措施，积极提升企业竞争力，培育和发展更多优秀企业和新的企业集群，对提升供给效率、经济发展质量具有重要作用。应着重从如下几方面做好工作。

首先，在推进混合所有制改革下，积极培育一批世界一流企业，带动我国企业国际竞争力的提升。随着我国经济向高质量发展阶段转变，需要企业逐步提升竞争力，其中实力较为突出的部分企业应该积极向具有国际竞争力的世界一流企业进军。由于我国目前民营企业普遍规模较小、核心竞争力约束较为突出，加之所处的领域竞争较为激烈，而国有企业特别是中央企业在经过几轮改革后，企业规模普遍较大、产业影响力突出、国际化经营能力较好，加之所处产业的国际竞争相对要缓和，因而更具备创建世界一流企业的条件。因此，党的十九大报告提出，要"深化国有企业改革，发展混合所有制经济，培育具有全球竞争力的世界一流企业"。而在 2019 年年

初，国资委确定了航天科技、中国石油、国家电网等 10 家中央企业作为创建世界一流示范企业，正式启动创建世界一流企业工作。以示范企业为龙头，在总结和推广相关经验基础上，可以带动更多企业不断提升国际竞争力，达到世界一流企业标准。而在当前，制约我国国有企业国际竞争力提升的因素是，其提供产品和服务的效率相对较低，而在混合所有制改革下，通过吸收不同所有制的优点，能够有效克服这个问题，并能促进国有企业做强做优做大。同时，在合适的时机，也能够带动民营企业向世界一流企业发展，从而对我国企业整体竞争力提升形成逐级拉动效应，有利于企业核心竞争力的培养和提高。

其次，多方位入手积极激发企业家精神，促进企业竞争力提升，进而推动更多企业做强做优。根据著名经济学家熊彼特的观点，企业家的职能在于将企业的各项资源以更有效的方式组合起来，创造更多利润。而企业家精神，尽管对其有不同的定义，但是综合起来看，创新和创业是其核心内涵，特别是创新要素更为突出。一方面，企业家精神将技术创新和企业生产过程紧密结合起来，使技术创新真正参与到价值创造过程。技术创新能否在商业应用上取得成功具有很大的不确定性，因此，技术创新要能够真正实现转化，就需要企业家独特的眼光，选择技术创新并克服其在转化过程中面临的各种困难，最终将其纳入企业生产过程，创造价值。另一方面，企业家精神包含了对创新永不满足的精神，它是一个动态的因素，推动创新不断前进。

随着我国向高质量发展转型，以创新创业为主要导向的企业家精神对我国企业的竞争力提升作用更加突出。这突出体现在，随着技术创新竞争不断加剧和企业转型期各种挑战不断加剧，企业需要面对加大研发投入、选择相应的技术发展战略以取得竞争优势和竞争压力加大可能会导致的短期利润下滑的问题，因此需要企业家权衡长期和短期目标、现实能力和理想状态，制定适合企业发展的战略。同时，随着新兴产业和新技术涌现速度不断加快，在相应的技术和产业尚未发展成熟因而投资风险较大的情况下，就需要企业家发挥企业家精神，根据自己的判断，积极创新创业，创造出新的产品、服务或者新业态形势，以免错失发展机遇。

最后，提升产业链水平，以技术创新为基础，培育和发展一批新的产业集群。随着经济的发展，产业分工不断细化，企业之间的联系越来越紧密，一个企业的竞争力水平不仅仅取决于自身，还与其配套企业的竞争力息息相关。因此，要提高供给体系效率，要从产业链入手，依托技术创新，培育和发展新的产业集群。一般来说，出于节省交易和信息交流的成本、促进共同技术创新能力提升等方面的考虑，处于一个产业链的、相互关联的企业，普遍倾向于在地理上彼此集聚，形成产业集群。尽管随着互联网等新技术的兴起，在一定程度上降低了企业之间信息交流和交易的成本，但是地理位置的远离所产生的交易成本不可能完全通过这些新技术予以消除，因此，产业集群的作用依然是不可替代的。而决定一个产业集群整体实力的因素，则是该集群创新的活跃性和创新的水平。在当前阶段，我国各级政府部门应该积极创造有利于技术创新的软环境，并积极提升相应的硬件设施的质量，促进产业集群内龙头企业的技术创新能力不断提升并提高企业之间创新交流的活跃性，最终使产业集群进入"集群技术创新活跃—集群整体竞争力不断提升——集群技术创新更加活跃"的良性循环，促进产业链水平持续提升。